「とりあえず」は
英語でなんと言う?

ルーク・タニクリフ

大和書房

は じ め に

はじめまして！　ルーク・タニクリフです。

みなさんは、伝えたい言葉があるのに、どうやって英語にしたらいいかわからず、苦しい思いをしたことはありませんか？

僕は英語を教えるとき、生徒からよく「久しぶり」や「よろしく」などの日本語らしい言葉は、どう英語にすればいいのか聞かれます。これらは直訳すると不自然な英語になり、かえって誤解を生じてしまいます。

一番自然な英語は、「久しぶり」が "It's been a long time." (P.219)、「よろしく」が "It's nice to meet you." (P.280) です。しかし、「久しぶり」も「よろしく」も使う場面によって意味が変わってくるため、英語も異なります。

正しい英語にするには、まず「英語の文化」と「日本語の文化」の違いについて考える必要があるでしょう。

この本では、**日本語の文化から生まれた「気持ち」や「考え方」をどうやって英語のネイティブに伝えるか教えます。**

辞書に出てくる定義や単語の直訳ではなく、同じ状況で、

ネイティブがよく使っているフレーズを紹介します。そして、それらのフレーズが、ネイティブにとって「どんなイメージがあるのか」「どんな文化にもとづいているのか」「どんなニュアンスがあるのか」を丁寧に解説しています。

　僕には、イギリス人の父とアメリカ人の母がいます。イギリスのコーンウォール州に生まれ、13歳でアメリカのノースカロライナ州に引っ越しました。そこでイギリス英語とアメリカ英語にたくさんの違いがあることを知りました。

　たとえば学校の友達と挨拶をするとき、アメリカでは "What's up?" や "Sup?" ですが、イギリスでは "All right, mate." が一般的です。そこから言葉に興味を持つようになりました。

　大学時代は、日本語ではなく英文学とイタリア語を勉強し、卒業してからは、ワシントンDCで雑誌の記者として働きました。1年後、違う国に住んでみたくなり、大好きだった日本の中学校教師となり、新潟県の山に囲まれた美しい町・村松町（現・五泉市）に引っ越しました。

　来日したての頃は、「布団」と「侍」くらいしか日本語を知りませんでしたが、英語を話せる人がまったくいなかったため、頑張って勉強をして、なんとか日本人とコミュニケーシ

ョンがとれるようになりました。

　その経験から、日本語に興味を持ち、日本語を考えてから英語を話すことで生まれる「日本人っぽい英語」にも興味を持つようになったのです。

　2008年に再び来日し、英会話教師とビジネス翻訳の仕事をしつつ、東京大学大学院で翻訳を学びました。

　そして、2010年に英語が学べる日本語のブログを作りました。ブログの名前は「英語 with Luke」です。日本人に多い英語の間違い、人気の英語のスラング、複雑な英文法をわかりやすく説明しています。

　ブログは毎週更新していて、初心者から上級者までレベルを問わず楽しめる記事がたくさんあります。現在、おかげさまで月間150万PVを記録する人気サイトになりました。

　この本を作るにあたって、大和書房の編集者である草柳友美子さんと何回もカフェで相談をして、よりわかりやすい説明を考えました。この本のもとになった僕のブログは、大山小夜子さんが毎週しっかり修正をして、生きた日本語の文に変えてくれました。

本書では、**学校では教えてくれないけれど、ネイティブがよく使っているスラングもたくさん紹介しています**。ぜひ、みなさんもネイティブらしい英語を身につけてください。そして、今日から楽しみながら、実際にその英語を使ってみましょう！

ルーク・タニクリフ

C o n t e n t s

はじめに ⋯⋯ 3

第1章 「自分の気持ち」を伝える

なつかしい ⋯⋯ 12

憂うつ ⋯⋯ 16

面倒くさい ⋯⋯ 21

楽しい・ワクワクする ⋯⋯ 25

ハイテンション ⋯⋯ 29

嬉しい ⋯⋯ 34

怒った ⋯⋯ 38

さびしい・悲しい ⋯⋯ 43

切ない ⋯⋯ 47

クソ ⋯⋯ 51

やった！ ⋯⋯ 54

COLUMN 大げさな表現を使ってネイティブのように話そう ⋯⋯ 57

COLUMN 副詞を活かすとネイティブのように話せる ⋯⋯ 60

第2章 「自分の状態」を伝える

酔った ⋯⋯ 64

ボーッとする ⋯⋯ 68

暑い・寒い ⋯⋯ 71

痛い ⋯⋯ 75

疲れた ⋯⋯ 79

緊張する ⋯⋯ 84

COLUMN　気持ちが伝わる「すみません」と「ごめんなさい」⋯⋯ 88

第3章　「性格」を表現する

かわいい ⋯⋯ 94

かっこいい ⋯⋯ 98

モテる ⋯⋯ 101

ケチ ⋯⋯ 108

神対応・塩対応 ⋯⋯ 112

COLUMN　気持ちが伝わる「丁寧なお礼」と「くだけたお礼」⋯⋯ 116

COLUMN　表現力を上げる「クリエイティブなお礼」⋯⋯ 121

天然ボケ ⋯⋯ 123

癒し系 ⋯⋯ 126

甘える ⋯⋯ 130

意識が高い ⋯⋯ 135

まじめ ⋯⋯ 138

リア充 ⋯⋯ 142

優柔不断 ⋯⋯ 146

第4章 モノを評価する

最高 …… 150

キモい …… 153

くさい …… 156

ダサい …… 160

胡散くさい …… 164

つまらない …… 168

陳腐 …… 172

○○的 …… 175

COLUMN 料理の感想を伝える …… 178

COLUMN ネイティブのようにほめる …… 180

COLUMN 自分の意見を伝える …… 183

第5章 会話がはずむ英語

確かに …… 186

なるほど …… 190

COLUMN いろんな相づち …… 194

おめでとう …… 197

お疲れ様 …… 202

頑張る …… 206

無理しないで …… 212

どんな感じ？ ····· 216

久しぶり ····· 219

COLUMN 「いただきます」····· 222

COLUMN 「ごちそうさまでした」····· 224

COLUMN 「ただいま」と「おかえり」····· 226

第6章 **知って損はない便利な英語**

了解 ····· 230

なんとか ····· 235

○○っぽい ····· 240

なんとなく ····· 245

とりあえず ····· 251

微妙 ····· 255

このまま ····· 259

はい、チーズ ····· 264

お邪魔します ····· 267

電池が切れそう ····· 270

どのくらいかかりますか？ ····· 273

今なんて言った？ ····· 277

よろしくお願いします ····· 280

COLUMN 「トイレ」を意味するさまざまな言葉 ····· 285

第 1 章

「自分の気持ち」
を伝える

TOPIC

なつかしい

過去を
振り返る
8つのフレーズ

「なつかしい」は、とても便利な日本語だと思います。1つの単語でいろんな感情を伝えることができるからです。

英語は、日本語のように「なつかしい」という感情を簡単に表すことができません。「なつかしい」には、切なさや嬉しさ、安心感など、そのときどきによりさまざまな感情が入り交じっていますね。多くのネイティブは、きちんと言葉で言い表せない、とても不思議な感情だと思っているでしょう。

ネイティブは「なつかしい」をこう考える

しかし、実際はネイティブもそのときどきの場合によっ

「自分の気持ち」を伝える

て、「なつかしい」をさまざまな英語で代用しています。

たとえば、日本人は以下のようなことを言います。

「3年前にここでデートしたんだ。なつかしいなぁ」

これを直訳するのは難しいですが、ネイティブは似たような意味で次のようなことを言うでしょう。

I went on a date here three years ago. It feels so strange to come back.

3年前にここでデートしたんだ。また来て本当に不思議な気分。

次に、日本人が「久しぶりに祖母の家に行ったら、なつかしい匂いがした」と思ったとします。同じ状況なら、ネイティブは以下のように思うでしょう。

It's been ages, but I went back to my grandma's house the other day, and there was this wonderfully familiar smell.

このあいだ久しぶりに祖母の家に行ったら、すごくなじみあるいい匂いがした。

「最近なつかしいゲームを収集するのにハマっている」は、

Recently, I've been really into collecting video games that I used to love playing as a kid.

最近、子供のころ大好きだったゲームを収集するのにハマっている。

「家族の仲がよかったころの写真を見たら、なつかしすぎて泣きそうになった」なら、

Yesterday I looked at a photo of my family when they were on good terms. I felt so heartbroken that I wanted to cry.
昨日、家族の仲がよかったころの写真を見たら、とても胸がいたくて泣きそうになった。

nostalgic はあまり使わない

　日本語では「なつかしい」という感情を「ノスタルジック」や「ノスタルジー」などと言う人が結構いるので、nostalgic と訳す場合もありますが、これは日常的にはそれほど使いません。

　しかし、やはり多くの日本人は「なつかしいよね」のように、1つのフレーズで言いたいのではないでしょうか。ネイティブはあまり「なつかしい」を口にしませんが、言い方は存在します。

That brings back lots of memories.
たくさんの思い出がよみがえるよ。

Those were the good old days.　昔はよかったな。

Oh yeah. I remember that.　あぁ。それ覚えてる。

「なつかしい」のフレーズ

I went on a date here three years ago. It feels so strange to come back.

3年前に私はここでデートしたんだ。また来て**本当に不思議な気分**。

It's been ages, but I went back to my grandma's house, and there was this wonderfully familiar smell.

久しぶりに祖母の家に行ったら、すごく**なじみある**いい匂いがした。

Recently, I've been really into collecting video games that I used to love playing as a kid.

最近、子供のころ**大好きだった**テレビゲームを収集するのにハマっている。

Yesterday I looked at a photo of my family when they were on good terms. I felt so heartbroken that I wanted to cry.

昨日、家族の仲がよかったころの写真を見たら、**とても胸がいたくて**泣きそうになった。

That brings back lots of memories.

たくさんの**思い出がよみがえる**よ。

Those were the good old days.　昔はよかったな。

Those were good times.　あのころはよかったな。

Oh yeah. I remember that.　あぁ。それ覚えてる。

TOPIC

憂うつ

落ち込みの
レベルで言葉を
使い分ける

　落ち込んでいる気持ちは、英語でなんと伝えるのがいいのでしょうか。本当に落ち込んでいるときは、depressedという言葉がいいでしょう。形容詞 depressed は「落ち込んだ」という意味ですが、僕にはそれよりも強い印象があります。そのため、少し落ち込んでいるだけなのに "I'm depressed." と言えば、「私はうつ病になった」という意味に近くなり、相手に余計な懸念を抱かせるでしょう。

　しかし、feelという動詞を一緒に使うと、適切なフレーズになります。"I feel depressed." で「私は落ち込んでいる」という意味に近くなるのです。

「自分の気持ち」を伝える

A：How are you feeling?　気分はどう?

B：I feel really depressed!　本当に落ち込んでいるよ!

　少しだけ落ち込んでいるときは、reallyのかわりに、a bit、slightly、kind ofという言葉を入れてもいいでしょう。

　うつ病という医学的状態を表すには、depressedは少しあいまいな言い方です。はっきりさせたいときは、suffer from depressionと言うのがいいでしょう。

Actually, I suffer from depression.

じつは、私うつ病を患っているんです。

　depressは動詞としても使うことができます。「○○が憂うつにさせる」という意味になります。

That news really depressed me.

その知らせで私は本当に憂うつになった。

少しだけ落ち込んでいる

　では、少しだけ落ち込んでいるときには、どんなフレーズがよいのでしょうか。まず、get one downという簡単なフレーズを説明します。これは英語圏の国ではよく耳にします。

Life is getting me down.　人生は私を落ち込ませる。

Don't let it get you down.　（それについて）くよくよするなよ。

次に、down in the dumps というフレーズを見てみます。これは、自分の落ち込んでいる気持ちを軽く扱いたいときや、子供が落ち込んでいるときなどに使えます。

I am feeling a little down in the dumps today.
今日は少し憂うつな気分だ。

I'm afraid she's a little down in the dumps right now.
今、彼女は少し落ち込んでいるよ。

downer というスラングもあります。これは薬に由来しています。鎮静剤を downer と言うからです。現在は、気を滅入らせる経験はなんでも downer と言います。

くだけた英語の「落ち込んでいる」

くだけた英語で自分の落ち込んでいる気持ちを表したい方には、次のフレーズがおすすめです。feel bummed out、feel like crap、be in a funk は、全部「落ち込んでいる」という意味です。

I feel bummed out today. 今日は本当に悲しいな。
I feel like total crap today. 今日は本当に最悪な気分だよ。
I'm in a bit of a funk. 今日はちょっと落ち込んでいる。

「自分の気持ち」を伝える

　feel like crapは風邪をひいたときにも使えます。しかし、少々品のない言い方なので、気をつけて使ってください。

「落ち込んでいる」は、ほかにもたくさんあります！

　英語には、落ち込んでいる状態を言う言葉が本当にたくさんあります。雨がよく降っているイギリスでは、落ち込んでいる人が多いのかもしれません。

gloomy　陰気な

morose　不機嫌な

melancholy　憂うつな（とくに理由がないとき）

lugubrious　悲しげな（重苦しい気分）

glum　ふさぎ込んだ

crestfallen　しょんぼりした（直訳すると「鶏冠が落ちた」）

dejected　気落ちした

dispirited　意気消沈した

「憂うつ」のフレーズ

A：How are you feeling?　気分はどう？
B：I feel really depressed!　本当に落ち込んでいるよ！

Actually, I suffer from depression.
じつは、私うつ病を患っているんです。

That news really depressed me.
その知らせで私は本当に憂うつになった。

Life is getting me down.　人生は私を落ち込ませる。

Don't let it get you down.　（それについて）くよくよするなよ。

I am feeling a little down in the dumps today.
今日は少し憂うつな気分だ。

I'm afraid she's a little down in the dumps right now.
今、彼女は少し落ち込んでいるよ。

Seeing that dark, sad movie was a real downer.
その暗い悲しい映画を見たら、本当に落ち込んだ。

I feel bummed out today.　今日は本当に悲しいな。

I feel like total crap today.　今日は本当に最悪な気分だよ。

I'm in a bit of a funk.　今日はちょっと落ち込んでいる。

TOPIC

面倒くさい

うざいときは
すぐ口にしよう

　最近、僕が最も耳にする不満の日本語は「面倒くさい」です。もしかしたらこれを英語で言いたい日本人は大勢いるかもしれません。ちょっと面倒くさいですが、これを英語でどう表すか説明したいと思います。

　「面倒くさい」は強い言葉なので、相手に失礼にならない高い表現力が必要です。辞書を引くと bothersome、troublesome、nuisance という単語がよく出てきますが、これらは硬いので、ネイティブはそれほど使っていません。

pain で始まる4つのフレーズ

　まず、pain で始まる4つのフレーズを見てください。

a pain in the ass　お尻の痛み（アメリカ英語）

a pain in the butt　お尻の痛み（アメリカ英語）

a pain in the arse　お尻の痛み（イギリス英語）

a pain in the neck　首の痛み（イギリス・アメリカ英語）

　これらは実際「面倒くさい」という意味で使われています。

Taking the subway to work every day during rush hour is such a pain in the ass.

毎日、仕事でラッシュ時の地下鉄に乗るのは、とても面倒くさい。

　日本語の「面倒くさい」と同様にあまり行儀のよくない言葉なので、上司や年上の人には使わないほうがいいです。

・・

面倒くさいから、やりたくない！

・・

　can't be bothered to do で「面倒くさいから○○はやらない」というニュアンスで一般的に使われています。

I can't be bothered to go to the gym today.

ジムに行くのが超面倒くさいから今日は行かない。

　hassle の意味は「面倒なこと」です。too much hassle だと「とても面倒くさいからやらない」、such a hassle だと単純に「面倒くさい」というニュアンスになります。

「自分の気持ち」を伝える

It's way too much hassle to sort out all that paperwork.
その書類を整理するのはとても面倒くさいからやらない。

Mowing the lawn every week is such a hassle.
毎週、芝刈りをするのは本当に面倒くさい。

「うざい」の英語はたくさんある

　英語には、「面倒くさい」のスラング「うざい」を意味する言葉がたくさんあります。英語圏の人は何かがうざいと思ったら、すぐそれを口に出すからかもしれません。

　みなさんは「虫」を意味するbugはすでにご存じだと思いますが、動詞のbugを知らない人もいるでしょう。

This guy is really bugging me. この人は本当にうざい。

　annoying（迷惑な）、get on one's nerves ／ irritating（イライラさせる）などはうざい人に対して使います。

Wow, you are getting on my nerves. Just leave me alone!
ねぇ、お前は本当にうざい。放っておいてくれ！

「面倒くさい」のフレーズ

Taking the subway to work every day during rush hour is such a pain in the ass.

毎日、仕事でラッシュ時に地下鉄に乗るのは、とても**面倒くさい**。

Sometimes you can be a real pain in the neck.

あなたってたまにすごく**面倒くさい**よ。

Filling out this form is a real pain in the arse.

これらのフォームに入力するのは、本当に**面倒くさい**。

I can't be bothered to go to the gym today.

ジムに行くのが**超面倒くさい**から今日は行かない。

I can't be bothered to do my homework today. I don't care if I get an F.

今日は**面倒くさい**から、宿題やるのやめた。Fを取っても別にいいや。

It's way too much hassle to sort out all that paperwork.

その書類を整理するのはとても**面倒くさいからやらない**。

Mowing the lawn every week is such a hassle.

毎週、芝刈りをするのは**本当に面倒くさい**。

This guy is really bugging me. この人は本当に**うざい**。

Wow, you are getting on my nerves. Just leave me alone!

ねぇ、お前は**本当にうざい**。放っておいてくれ！

TOPIC

楽しい・ワクワクする

興奮が伝わる楽しいのフレーズ13

　英語を勉強している中学生はhave funというフレーズをすぐに身につけるでしょう。

I had lots of fun today!　今日はすごい楽しかった!

　簡単なのでネイティブもよく使います。

　より感情を込めたいならhave a …… timeがいいです。

I had an amazing time.　今日は充実した時間を過ごした。

I had a really great time today. Thanks!
今日は本当に楽しかったよ。ありがとう!

I had a whale of a time.　とても楽しかったな。

　whale of a timeはちょっと古くさい言い方ですが、whale

（クジラ）は一番大きい動物なので、「クジラのサイズほど楽しかった」というニュアンスを伝えます。

大げさに言いたい場合は、time of my lifeがいいでしょう。

I had the time of my life. 人生で最高に楽しかったよ。

I enjoyed! は間違った英語

"I enjoyed!" という間違った英語をよく耳にします。このフレーズを使うときは、myselfやyourselfなどの再帰代名詞が必要です。

I enjoyed myself! 楽しかった!

働いてばかりいる人に対してなら、

You should enjoy yourself. もっと楽しんだほうがいいよ。

blast はいいことにも使える

嫌なことがあるときに "Blast!" と言うネイティブは多くいますが、以下は「興奮して楽しい時間を過ごした」という意味になります。楽しいパーティーや旅行をしたときに使うといいでしょう。

I had a blast! 楽しかったよ!

That was a blast. それは楽しかった。

「自分の気持ち」を伝える

「○○は楽しい」

「自分が楽しかった」ではなく「何かが楽しい」と伝えるには、どんな英語がいいでしょうか？

Surfing in Hawaii is so much fun!

ハワイでサーフィンをするのはめちゃ楽しい！

That party was wild!

あのパーティーは乱痴気騒ぎだった！

　wild は「大胆で楽しい」や「乱暴で楽しい」という意味のスラングです。

「楽しみにしている」と伝える

　メールなどで「楽しみにしている」と言うフレーズは非常に役に立つでしょう。これは英語で look forward や excited about というフレーズで表すことができます。

I am really looking forward to going to the party.

パーティーに行くのをとても楽しみにしている。

I'm really excited about seeing you next week!

来週あなたと会うことにワクワクしているよ！

「楽しい・ワクワクする」のフレーズ

I had lots of fun today! 今日はすごい楽しかった！

I had an amazing time. 今日は充実した時間を過ごした。

I had a really great time today. Thanks!
今日は**本当に**楽しかったよ。ありがとう！

I had a whale of a time. とても楽しかったな。

I had the time of my life. 人生で最高に楽しかったよ。

I enjoyed myself! 楽しかった！

You should **enjoy yourself**. もっと楽しんだほうがいいよ。

I had a blast! 楽しかったよ！

That **was a blast**. それは**楽しかった**。

Surfing in Hawaii is **so much fun**!
ハワイでサーフィンをするのは**めちゃ楽しい**！

That party was **wild**! あのパーティーは**乱痴気騒ぎ**だった！

I am really **looking forward** to going to the party.
パーティーに行くのをとても**楽しみにしている**。

I'm really **excited about** seeing you next week!
来週あなたと会うことに**ワクワクしている**よ！

TOPIC

ハイテンション

「元気のよさ」
が伝わる
6つのフレーズ

　日本では、よく「テンション」という言葉が「いい気分」のようなニュアンスで使われていますね。しかし、英語でtension は主に「緊張、ストレス、弾力」という意味です。僕は日本語のテンションと英語の tension が違うと知らなかったころ、こんな経験をしました。

　面識のない人が多い飲み会で、僕はまれに緊張してお酒を飲みすぎてしまうことがあります。数年前、ホームパーティーでお酒が入り楽しんでいたら、日本人の友人に「テンション高いね」と言われました。僕はそのまま脳内で"You look really tense."という英語に訳したので、「え、

今？」と言ったら、「今のLuke見たら、誰だってハイテンションだと思うよ」と笑われました。

　僕は緊張もほぐれてきて楽しんでいたのに、なぜみんなには "You look really tense." つまり、「とても緊張している」ように見えたのか不思議でなりませんでした。

　しばらくして日本語の「テンションが高い」や「ハイテンション」の意味を知ったとき、この日のことを思い出して恥ずかしくなったのを覚えています。

　それでは、日本人が使う「テンション」はどのような英語で表せばよいのでしょうか。

よく使うのはexcited

　get excited はハイテンションをうまく表せるので、英語圏でとてもよく使われています。

Once the firework display started, everyone got excited.
花火大会が始まったら、みんなはハイテンションになった。

ワクワクやドキドキを表すならthrilled

　get excited よりワクワクやドキドキしている感情を表すには、be thrilledがいいです。

「自分の気持ち」を伝える

I was thrilled to get a part in the new musical.

新しいミュージカルに出演できるようになってワクワクしていた。

活発な人に使う peppy

活発な人、特に元気な高齢者に対して使われています。

Even though she's 90, she's really peppy.

彼女は90歳だが、とてもテンションが高い。

元気なペットや子供には full of beans

直訳すると「豆でいっぱい」ですが、これは「とても元気」や「興奮している」という意味です。エネルギーがあふれているペットや子供などによく使います。

Funassyi is always full of beans.

ふなっしーはつねにハイテンションだ。

スラングの fired up

若者がよく使うスラングです。これから楽しいことがあって、それに興奮しているときに使います。

When I drink alcohol, I get really fired up.

僕はお酒を飲むといつもハイテンションになる。

テンションが高すぎて悪い場合

　hyper はネガティブなニュアンスで「テンションが高すぎる」という意味になります。これは元気すぎる子供によく使います。

Wow, you're really hyper today.

わぁ、今日やけにテンション高いね。

　いかがでしたか？　使ってみたいフレーズは見つかったでしょうか。

「ハイテンション」のフレーズ

Once the firework display started, everyone got excited.

花火大会が始まったら、みんなは**ハイテンションになった**。

Before a World Cup match, English people get really excited.

ワールドカップの試合前、イギリス人はとても**ハイテンションになる**。

I was thrilled to get a part in the new musical.

新しいミュージカルに出演できるようになって**ワクワクしていた**。

My girlfriend was thrilled by the news that her best friend was getting married.

僕の彼女は親友が結婚するニュースに、**とても興奮していた**。

Even though she's 90, she's really peppy.

彼女は90歳だが、とても**テンションが高い**。

Funassyi is always full of beans.

ふなっしーはつねに**ハイテンション**だ。

My kids are full of beans today. They can't stop running around.

今日、うちの子供たちは**テンションが高くて**、ずっと走り回っている。

When I drink alcohol, I get really fired up.

僕はお酒を飲むといつも**ハイテンション**になる。

Wow, you're really hyper today.

わぁ、今日やけに**テンション高い**ね。

TOPIC

嬉しい

happy
だけじゃない
喜びのフレーズ

　英語を勉強し始めたとき、「嬉しい」を意味するhappyという形容詞にすぐ出くわしたでしょう。

I'm just happy to be alive.　私は生きているだけで嬉しい。
A: That dress is so cute.　あのワンピースがかわいいね。
B: Thanks. I'm so happy you think so.　ありがとう、嬉しい。

　look happyで「嬉しそう」が表せます。

He looks so happy when he drinks Venti-sized Starbucks coffee.
彼はベンティサイズのスターバックスのコーヒーを飲むとき、本当に嬉しそうだね。

「自分の気持ち」を伝える

「〜して嬉しい」は glad と delighted

日本語では、「〜して嬉しい」という言葉をよく使うでしょう。そのときは glad か delighted という英語がいいです。

I was so glad to see you again.
またお会いできて本当に嬉しかったです。

My mom was delighted to hear that you would be coming here for Christmas.
母はあなたがクリスマスにここにくると聞いてとても喜んだ。

happy では足りないとき

みなさんは嬉しいときや興奮しているとき、happy という言葉では物足りないと思ったことがありますか？　そんなときには、stoked というスラングがぴったりです。

I am stoked!　超嬉しい！

もともと stoked は、カリフォルニア州のサーファーが使っていたスラングですが、現在は一般的に使われるようになりました。stoked は、とくに「これからすること」に対して使います。たとえば、アメリカ人の友人はパーティ

35

ーに行く前によく stoked を使います。

I am really stoked for the ski trip next week.
来週のスキー旅行が本当に待ち遠しいなぁ！

上の例文を見ると、stoked は for や about と一緒によく使うことがわかりますね。stoked の後に名詞が続く場合は for を使い、動詞が続く場合は about を使うといいでしょう。

月を飛び越えるぐらい嬉しい

このフレーズは「牛が月を飛び越えた」を意味する "The cow jumped over the moon." という童話のフレーズに由来し、「大喜び」という意味になります。自分が月を飛び越えるぐらい嬉しいというイメージですね。

I was over the moon when I heard that my son got into college.
私は息子が大学に入学できたと聞いて、大喜びした。

「嬉しい」のフレーズ

I'm just happy to be alive.
私は生きているだけで嬉しい。

A : That dress is so cute. あのワンピースがかわいいね。
B : Thanks. I'm so happy you think so. ありがとう、嬉しい。

I'm so happy that tomorrow is Saturday.
明日が土曜日で嬉しい。

He looks so happy when he drinks Venti-sized Starbucks coffee.
彼はベンティサイズのスターバックスのコーヒーを飲むとき、本当に嬉しそうだね。

I was so glad to see you again.
またお会いできて本当に嬉しかったです。

My mom was delighted to hear that you would be coming here for Christmas.
母はあなたがクリスマスにここにくると聞いてとても喜んだ。

I am stoked! 超嬉しい！

I am really stoked for the ski trip next week.
来週のスキー旅行が本当に待ち遠しいなぁ！

I was over the moon when I heard that my son got into college.
私は息子が大学に入学できたと聞いて、大喜びした。

TOPIC

怒った

イライラと
ムカつきは
爆発前に伝えよう

　怒っている気持ちを英語で伝えるには、たくさんの単語がありますが、一番多く耳にするのは形容詞のangryです。

What are you so angry about?
何をそんなに怒っているの?

　怒りの対象がある場合、atをつけます。

I am so angry at you for eating my ice cream.
あなたが僕のアイスを食べたこと、めちゃ怒っているよ。

イギリス人が怒った場合

　イギリス人はangryだけではなく、crossもよく使います。これはangryとほぼ同じ意味になります。

「自分の気持ち」を伝える

Why are you always so cross when we go shopping?
買い物をするときに、なんでいつもそんなに怒っているの？

イライラする

irritate は angry ほど感情を表さない怒りです。細かいことに対して、よく irritate を使います。これは「イライラする」という日本語に似ているでしょう。

Stop tapping on the table. It's so irritating.
テーブルをコンコン叩かないで。めちゃイライラするから。

スラングの pissed off

これは「怒っている」や「ムカつく」のスラングです。angry より強い言葉ですが、日常会話でよく耳にします。

I am so pissed off with you guys right now! Why didn't you tell me you had cancelled the party?
今あなたたちに激怒しているよ。なんでパーティーをキャンセルしたって言わなかったの？

ちなみに off なしの pissed も使えます。しかし、pissed はイギリス英語とアメリカ英語では、まったく違う意味に

39

なってしまいます。

I am really pissed right now.

イギリス英語：今私はめちゃ酔っているよ。

アメリカ英語：今私はめちゃ怒っているよ。

　pissedは、イギリス英語では「酔っている」という意味ですが、アメリカ英語ではpissedもpissed offも同じ意味になります。これは誤解を招きやすい英語でしょう。

mad は怒ったときにも使う

　これは「気が狂う」「大好き」などの意味がありますが、angry と同じ意味でも使えます。ちなみに「大好き」は、気が狂いそうなぐらい好きという意味で使います。

When I broke that window, my dad got really mad at me.

私があの窓を壊したら、お父さんがめっちゃキレたんだよ。

八つ当たりする take it out on

　このフレーズは、八つ当たりの意味に近いです。
「take it out on + 八つ当たりの対象」というパターンでよく使います。

「自分の気持ち」を伝える

Just because you are stressed with work, doesn't mean that you have to take it out on us!
仕事でストレスが溜まっているからといって、こっちに八つ当たりしないでくれ！

怒りで爆発しそう！

blow my top というフレーズを見てみましょう。これは自分が怒りで爆発しそうな気持ちがあるときに使う英語です。イメージは、自分が火山で噴火しそうなほどの怒りです。

I really think I'm about to blow my top.　本当にキレそう。

「怒った」のフレーズ

What are you so angry about?

何をそんなに**怒っている**の？

I am so angry at you for eating my ice cream.

あなたが僕のアイスを食べたこと、めちゃ**怒っている**よ。

Why are you always so cross when we go shopping?

買い物をするときに、なんでいつもそんなに**怒っている**の？

Stop tapping on the table. It's so irritating.

テーブルをコンコン叩かないで。めちゃ**イライラする**から。

I am so pissed off with you guys right now! Why didn't you tell me you had cancelled the party?

今あなたたちに**激怒している**よ。なんでパーティーをキャンセルしたって言わなかったの？

I am really pissed right now.

イギリス英語：今私はめちゃ**酔っている**よ。
アメリカ英語：今私はめちゃ**怒っている**よ。

When I broke that window, my dad got really mad at me.

私があの窓を壊したら、お父さんがめっちゃ**キレた**んだよ。

Just because you are stressed with work, doesn't mean that you have to take it out on us!

仕事でストレスが溜まっているからといって、こっちに**八つ当たり**しないでくれ！

I really think I'm about to blow my top.　本当に**キレそう**。

TOPIC

さびしい・悲しい

sadだけ
じゃない
悲しみの
フレーズ

　日本語を勉強している英語のネイティブにとって、「さびしい」と「悲しい」の違いを身につけるのは難しいです。英語だとどちらもsadで表せるため、僕は日本に何年住んでいても、これらの言葉をまだちゃんと使い分けられていません。

I feel really sad when you ignore me like that.
そんなふうに無視されると、本当にさびしいよ。

　和英辞書で調べると、よくlonelyが出てきます。

I felt so lonely when I lived in the Japanese countryside.
私は日本の地方に住んでいたときに本当にさびしかった。

「人がいなくてさびしい場所」を説明するには、deserted という単語がいいです。

Sometimes the Japanese countryside can feel deserted.
ときどき、日本の地方はさびしい感じがします。

しかし、以下の場合などは、lonely は使えません。

Are you sad that you can't see your parents?
親と会えなくてさびしい？

ですので、一人ぼっちのときにはlonelyを使い、さびしい場所にはdesertedを使い、ほかの場合はsadと考えるのがいいでしょう。

sad 以外の「悲しい」

「悲しい」を表すには、通常sadを使います。

It made me really sad when you said that.
そんな言い方されて、悲しかった。

より感情的な英語を使いたいなら、distraught や miserable という単語がいいです。

「自分の気持ち」を伝える

I was really distraught when I heard about her sky-diving accident.
彼女のスカイダイビング事故を聞いて、取り乱していた。

When she saw her boyfriend flirting with another girl, she felt miserable the whole evening.
彼氏が別の女性とイチャつくところを見て、彼女は一晩中とても悲しかった。

「哀れみを誘うような悲しさ」なら、pitiful が使えます。
That child is in a pitiful condition. He has no good clothes and no proper home.
あの子供は悲惨な状態だ。ろくな服がないし、本当の家もない。

　もちろん、not happy や unhappy という基本的な英語も使えます。何かに満足していないときに使うのが適切です。
I've been feeling so unhappy lately!
最近、私は不満でしょうがない！

「さびしい・悲しい」のフレーズ

I feel really sad when you ignore me like that.

そんなふうに無視されると、本当に**さびしいよ**。

I felt so lonely when I lived in the Japanese countryside.

私は日本の地方に住んでいたときに本当に**さびしかった**。

Sometimes the Japanese countryside can feel deserted.

ときどき、日本の地方は**さびしい**感じがします。

Are you sad that you can't see your parents?

親と会えなくて**さびしい**？

It made me really sad when you said that.

そんな言い方されて、**悲しかった**。

I was really distraught when I heard about her sky-diving accident.

彼女のスカイダイビング事故を聞いて、**取り乱していた**。

When she saw her boyfriend flirting with another girl, she felt miserable the whole evening.

彼氏が別の女性とイチャつくところを見て、彼女は一晩中とても**悲しかった**。

That child is in a pitiful condition. He has no good clothes and no proper home.

あの子供は**悲惨な状態**だ。ろくな服がないし、本当の家もない。

I've been feeling so unhappy lately!

最近、私は**不満でしょうがない**！

TOPIC

切ない

**胸が
締めつけられる
10のフレーズ**

 「切ない」は「さびしい」や「悲しい」に似ていますが、両方の言葉とは少し違うニュアンスで、少々説明しづらい特別な感情のようです。
 ただのさびしさではなく、胸がぎゅうっと締めつけられるような感情ですね。それだと、sad inside や hurt inside という英語がよさそうです。僕は日本人じゃないので、「切ない」の微妙なニュアンスをちゃんと把握していないと思いますが、いくつか適切そうな英語を出してみます。
 たとえば、とても具合が悪いのに旦那さんが冷たいときには、奥さんは友達に以下のようなことが言えるでしょう。

I feel so sad inside. 私はとても切なくなった。

I feel really hurt inside.　私はとても切なくなった。

"I feel miserable.（みじめな気分だ）" "I feel awful.（気分が悪い）" "I feel upset.（動転している）" などのフレーズも使えるでしょう。

恋愛の「切ない」

辞書で「切ない」を調べると、悲しさや恋しさで胸が締めつけられるようである、という定義があります。その悲しさと恋しさの組み合わせを伝えるために、sweet sorrow というフレーズもいいかもしれません。

このフレーズはシェイクスピアが作ったものです。

Parting is such sweet sorrow.　別れ際はとても切ない。

しかし、この sweet sorrow には、「別れ際はさびしいけど少しの幸せも含まれている」という意味になります。

重い感情の「切ない」

より重い感情のある「切ない」を表すには、heartrending、distressing、hopeless などの言い方がよいでしょう。この言葉は本当に大変なときのみに使います。

I was filled with heartrending sorrow when I heard the

awful news.
その大変なニュースを聞いたときは、切ない思いでいっぱいだった。

After my boyfriend moved to Alaska, no one knew of my hopeless longing for him.
恋人がアラスカ州に引っ越したあとの、私の切ない思いを知る人は誰一人いなかった。

ガールズトークに出てきそうな「切ない」

　最近の若者の「切ない」の使い方は、もう少し軽いでしょう。たとえばガールズトークで、友達が好きな男に無視された話をしたときには、「切な！」などとも言えますね。この日本語を英語にしたい場合、"That bites." というスラングがいいかもしれません。

　"That bites." は「大変そうだね」という意味に似ていますが、切ない胸の痛みを表すことができます。

A：He's been ignoring my phone calls all day.
　あの人あたしの電話一日中シカトしてるの。
B：Oh, that bites! うわぁ、切な！

「切ない」のフレーズ

I feel so sad inside. 私はとても**切なく**なった。

I feel really hurt inside. 私はとても**切なく**なった。

I feel miserable. みじめな**気分**だ。

I feel awful. 気分が悪い。

I feel upset. 動転している。

Parting is such sweet sorrow. 別れ際はとても**切ない**。

I was filled with heartrending sorrow when I heard the awful news.
その大変なニュースを聞いたときは、**切ない**思いでいっぱいだった。

It was so distressing to watch those images of starving children on the news.
ニュースで、餓死しそうな子供を見るのは本当に**痛ましかった**。

After my boyfriend moved to Alaska, no one knew of my hopeless longing for him.
恋人がアラスカ州に引っ越したあとの、私の**切ない**思いを知る人は誰一人いなかった。

A : **He's been ignoring my phone calls all day.**
あの人あたしの電話一日中シカトしてるの。

B : **Oh, that bites!** うわぁ、**切な**！

TOPIC

クソ

ドジを
踏んだときに
なんと言う？

　僕は足をぶつけたときやモノを壊したときに、何かを言いたくなります。"Damn!"や"Oh no."などを口に出すと、打った痛みが我慢しやすくなったり、モノを壊した悔しさが軽くなったりします。

　経験上、日本人は欧米人ほどクソを言いません。もしかしたら僕はクソと言いすぎて、日本人から性格が悪いと思われているかもしれませんね。欧米でこれは普通の行動なので、ドジや失敗をしたときによく言います。

　まず考えなければいけないのは、英語には怒ったときの丁寧な言葉とそうではない言葉があるということです。今回は、丁寧な言葉だけを見ていきます。汚い言葉が好きじ

ゃないネイティブもたくさんいるからです。

　以下のフレーズは、いろいろな場面で使えます。うまくいかないとき、何かに怒ったとき、失敗したとき、がっかりしたときにも使えます。これらはすべて独り言です。

Damn!　しまった!

Oh no. ／ Oh my God.　おやおや。

Sugar!　もう!（砂糖ではなくShit!の丁寧バージョン）

Oh, come on!!!　しっかりしろ!!!

Not again.　また?

Why???　なぜ???

　家具にぶつかったときに、そのモノを責める人が多いです。たとえば足などをテーブルやドアにぶつけたとき、以下のセリフを言います。

Ahh, you stupid table!　しまった。このバカなテーブルが!

Stupid, stupid, door!　バカ、バカ! このドア!

God, I hate this house so much!　ああ、この家が大嫌い!

　上のセリフに立腹する日本人がいるかもしれませんが、ドジをしたときにも英語が練習できるなら、悪い経験をいい経験にできるでしょう。

「クソ」のフレーズ

Damn!　しまった！

Oh no.／Oh my God.　おやおや。

Sugar!　もう！

Oh, come on!!!　しっかりしろ!!!

Not again.　また？

Why???　なぜ???

Ahh, you stupid table!　しまった。このバカなテーブルが！

Stupid, stupid, door!　バカ、バカ！ このドアは！

God, I hate this house so much!　ああ、この家が大嫌い！

TOPIC

やった!

成功したときの
さまざまな
フレーズ

　数年前、「HEROES」というアメリカのドラマが日本でも流行りました。登場人物にはヒロというタイムトラベルのできる日本人がいて、彼はいいことがあると両手を広げて "Yatta!" と叫びます。このドラマのおかげで、"Yatta!" はアメリカで人気のキャッチフレーズになりました。では、これ以外で「やった!」を表すには何がいいでしょうか。

　まず、テストに合格したり、スポーツで勝ったりしたときなど何かで成功した場合、以下の英語が使えます。

I did it! ／ We did it!　やった!

　これらは「やった!」の意味に一番近い英語だと思います。

Great! ／ Brilliant! (イギリス英語) ／ Amazing!　やった!

「自分の気持ち」を伝える

　これらは「最高！」「最高の気分！」という意味に近く、成功して喜びを表したいときによく使います。

Yes! / Yeah! / Hell yeah!　最高の気分！

　通常、yesとyeahは同意で、yeahと言うネイティブが多いです。hellをつけると、より感情が入ります。

　"Nailed it!"というスラングもあります。これは何かの完成度がとても高かったときに使いますが、ちょっと生意気に聞こえるので使い方に気をつけてください。

　"Oh my God!"も成功したときに使えます。これは、いいときにも悪いときにも使えるフレーズです。

Oh my God! I won the lottery again! I can't believe it.
やった！　また宝くじに当たった！　信じられない。

Oh my God! Are you okay?　やばい！　大丈夫ですか？

Yee-haw!　やった！

　とても元気なアメリカ人は、たまにこう言います。これはカウボーイの英語なので、冗談っぽく使われています。

　難しい仕事が終わったときや嫌なことをやりきったときの安心感を表すには、"Thank God!"という英語がいいです。

Thank God! I didn't think I would finish it today.
やった！　今日は終わらないと思ったよ。

「やった！」のフレーズ

I did it! / **We did it!** やった！

Great! / **Brilliant!**（イギリス英語）/ **Amazing!** やった！

Yes! / **Yeah!** / **Hell yeah!** 最高の気分！

Nailed it! やった！（完成度が高いときに使う）

Oh my God! I won the lottery again! I can't believe it.
やった！ また宝くじに当たった！ 信じられない。

Oh my God! Are you okay? やばい！ 大丈夫ですか？

Yee-haw! やった！（カウボーイが使う）

Thank God! I didn't think I would finish it today.
やった！ 今日は終わらないと思ったよ。

COLUMN

大げさな表現を使って
ネイティブのように話そう

みなさんは、ネイティブの英語表現を大げさだと感じたことはありますか？　もしそう思うなら、それは大正解です。

今回のタイトルにもあるように、ネイティブは大げさな表現を日常的に使います。

たとえば、よく best や worst という最上級の形容詞を使いますね。

She is the best teacher.　（彼女は**一番いい**教師です。）

最上級の形容詞と一緒に ever を使うことも多くあります。

She is the best teacher ever!　（彼女は**一番いい**教師です。）

That is the coolest car ever.　（あの車は**最もかっこいい**車だ。）

これらは、ネイティブにとってごく当たり前な印象があります。

「世界中で」「地球上で」「歴史上で」

I think I am the happiest person.

（私は**最も幸せな**人間だと思う。）

この英文は文法的には問題ありませんが、多くのネイティブがなんとなく不自然だと感じるかもしれません。なぜならネイティブはこのような場合、in the world や on the planet などというフレーズをつけることが多いからです。

I think I am the happiest person in the world.

（私は世界中で最も幸せな人間だ。）

　ちなみに、on the planet は in the world よりフランクな印象があります。最近「NY タイムズ」には、on the planet を使いすぎだという指摘が読者から多数寄せられました。

I am the sexiest woman on the planet.

（私は地球上で最もセクシーな女性だ。）

　そして、「歴史上で」を意味する、in history というフレーズもよく耳にします。

That is the worst car in history.　（あれは史上最悪の車だ。）

　in history よりもさらに大げさなフレーズは、in the history of the world、つまり「世界の歴史上で」です。

「絶対！」「断然！」

　by far や far and away もよく使われています。

That album is the best by far!

（あのアルバムは絶対に一番いいよ！）

That book is far and away the best.

（あの本は完全に一番いい。）

　日本語でも大げさな表現を使うことは多くあると思います
が、英語ではその何倍も使われています。みなさんも英語で
最上級の形容詞を使う機会があったら、このようなフレーズ
を使ってみてください。ネイティブなら、疑うことなく聞い
てくれるでしょう。

COLUMN

副詞を活かすと
ネイティブのように話せる

ネイティブは、よく副詞から話し始めます。みなさんもこの話し方を実践してみたら、複雑な文法を覚えなくてもネイティブのように話せるようになるでしょう。

・clearly（明らかに）

Clearly, that's a great idea. （**明らかに**それはいいアイデアだ。）

・obviously ／ naturally（当然ながら）

Obviously, you don't want to walk down that road after dark.

（**もちろん**、夜になったらその道を通らないほうがいいよ。）

Naturally, once I moved to Japan, I started to study Japanese.

（**当然**、日本に引っ越してから日本語を勉強するようになった。）

・thankfully（幸いなことに）

Thankfully, it went well in the end.

（**幸い**、最終的にはうまくいった。）

・frankly（はっきり言って）

Frankly my dear I don't give a damn.

（**はっきり言って**興味ないよ。）

・seriously（まじめに）…… 怒っているときに役に立つ副詞。

Seriously, what were you thinking?

（**マジで**どういうつもりだったんだよ！）

ネイティブはいつも「幸運か、不運か」を気にしている

　日本人は、「幸運なことに」や「不運なことに」といった言葉をそこまで使わないと思いますが、ネイティブは「運」に関するフレーズを頻繁に使います。

・luckily ／ fortunately（幸運なことに）

Luckily, the weather was great, and we were able to get a good view of the mountain.

（**幸運なことに**天気がとてもよかったので、山がよく見えた。）

Fortunately, no one was in the building when the fire started.

（**いいことに**、火事が起きたときビルには誰もいなかった。）

・unfortunately（不運なことに）

Unfortunately, no one brought any drinks, so the party was very boring.

（**残念なことに**、誰もお酒を持ってこなかったのでパーティーはとてもつまらなかった。）

「副詞 ＋ enough」

　ネイティブはよく副詞と enough を組み合わせます。すると、意味を強調できるからです。

・interestingly enough（面白いことに）

Interestingly enough, I was just thinking the same thing myself.

（面白いことに、僕も同じことを考えていたよ。）

・curiously enough／oddly enough／strangely enough（不思議なことに）

Curiously enough, I just saw her the other day.

（不思議なことに、先日彼女と会ったんだ。）

She's twice my age. But **oddly enough,** I find her very attractive.

（彼女は僕の年齢の2倍なんだけど、**不思議なことに**とても魅力的なんだよ。）

Strangely enough, even though I lost my wallet in the station, I found it on a park bench.

（**妙なことに**、俺が駅でなくした財布を公園のベンチで見つけたんだ。）

　副詞ばかりが登場すると不自然な英語になってしまいますが、この例文のようにポイントで使えば、より感情のこもった生きた英語を使うことができます。

第 2 章

「自分の状態」
を伝える

TOPIC

酔った

過去形は
シラフになる
ので注意

　年末、忘年会シーズンが訪れると街に酔っ払いが増えるので、知らない人と話すのが好きな僕にとっては、とても面白いのがこの時期です。今日はそれにちなんで、「酔う」を意味する英語を紹介したいと思います。

　有名な get drunk は酔った「状態になる」を表します。少し酔ってきた場合は、現在進行形にします。

I think I am getting a bit drunk.
少し酔っ払ってきていると思う。
Don't get drunk!　酔っ払わないで！

　drunk はすでに酔っている「状態」を表します。

「自分の状態」を伝える

I am drunk!　酔っ払った!

I am drunk for the third time this week!

私、今週、酔ったの3回目～!

　日本語では「酔った」と言うように過去形で言うため、英語でも過去形を使う人がいますが、これは間違いです。英語でそれをやると、「酔っ払ったけどシラフに戻った」「酔いがさめた」という意味になるので注意しましょう。

酔いがさめたら

　すでに酔いがさめていることを言いたい場合は、sober（シラフ）を使います。酔っ払っているイギリス人がよく使っています。

I got drunk, but now I'm sober.

酔っ払ったけど、今はシラフだよ。

I'm not drunk. I'm completely sober!

俺、酔ってねーよ。完全にシラフ!

少しだけ酔っているなら

　少しだけ酔っている「状態」を表したいなら、tipsyという英語が使えます。

I'm feeling a little tipsy. It must have been the gin and tonic I had this afternoon.

私ほろ酔いだよ。午後飲んだジントニックのせいだね。

「酔った」スラングはいっぱいある

　酔った状態を表すスラングはたくさんあります。よく耳にするのは、pissed、hammered、trashed、plastered、sloshedです。これらは酔っ払ったというより泥酔した状態を表し、どれもほぼ同じニュアンスで使われます。

I am so pissed right now! I don't think that I can walk straight.

今ヤバいくらい酔っ払ってる！　真っ直ぐ歩けないかもしれない。

　映画「マイ・フェア・レディ」にも登場するコックニー英語（東ロンドンの方言）では、Brahms and Liszt を「酔った」のスラングとして使っています。

　Brahms も Liszt も有名な作曲家ですが、Liszt が pissed と同じ響きなので、pissed の代わりに「酔った」を表しているのです。このスラングは面白いですが、少し覚えづらいので、僕が酔っているときに使うことはないです。

「酔った」のフレーズ

I think I am getting a bit drunk.

僕は少し**酔っ払ってきている**と思う。

Don't get drunk!　酔っ払わないで!

I am drunk!　酔っ払った!

I am drunk for the third time this week!

私、今週、**酔ったの3回目〜**!

I got drunk, but now I'm sober.

酔っ払ったけど、今は**シラフ**だよ。

I'm not drunk. I'm completely sober!

俺、酔ってねーよ。完全に**シラフ**!

I'm feeling a little tipsy. It must have been the gin and tonic I had this afternoon.

私**ほろ酔い**だよ。午後飲んだジントニックのせいだね。

I am so pissed right now! I don't think that I can walk straight.

今ヤバいくらい**酔っ払ってる**!　真っ直ぐ歩けないかもしれない。

TOPIC

ボーッとする

集中できない
理由は
なんですか?

よくボーッとする人は、こう言われています。

You are so absent-minded!
あなたって本当にボーッとしているよね!

absent-mindedは、目の前のことに集中せず、ぼんやりしている人に使います。忘れっぽいことにも、同じように言えるでしょう。

I am so forgetful! Today, I forgot to take my wallet with me, and I lost my cell phone.
私は本当に忘れん坊だ。今日、財布を持っていくのを忘れて、ケータイをなくしちゃった。

「自分の状態」を伝える

ほかのことを考えてしまい集中できない

　ほかのことを考えてしまっている場合、think about something else というフレーズがいいです。

A：Hello? Are you with us?　もしもし？

B：Oh, sorry. I was thinking about something else.

　　ああ、ごめん。ほかのことを考えていた。

　悩みごとがあって集中できない場合は、

Sorry. There's something on my mind.

ごめん。悩みごとがあるんだ。

　daydreaming（夢想・空想・妄想する）もよく使います。

Were you daydreaming again?　また夢想していた？

寝ちゃった！

　本当に寝てしまったら、nod off と doze off がいいです。東京の地下鉄でよく立ったまま nod off しているオフィスワーカーを見ますが、僕もできたらいいなとよく思います。

Even though I love watching "THE EXORCIST", I was so tired that I kept nodding off.

「エクソシスト」を観るのが好きなのに、疲れすぎて眠ってしまった。

「ボーッとする」のフレーズ

You are so absent-minded!

あなたって本当にボーッとしているよね!

When I take allergy medicine, I become quite absent-minded.

花粉症の薬を飲むとボーッとしちゃう。

I am so forgetful! Today, I forgot to take my wallet with me, and I lost my cell phone.

私は本当に忘れん坊だ。今日、財布を持っていくのを忘れて、ケータイをなくしちゃった。

A : Hello? Are you with us? もしもし?

B : Oh, sorry. I was thinking about something else.

ああ、ごめん。ほかのことを考えていた。

Sorry. There's something on my mind.

ごめん。悩みごとがあるんだ。

Were you daydreaming again? また夢想していた?

Even though I love watching "THE EXORCIST", I was so tired that I kept nodding off.

「エクソシスト」を観るのが好きなのに、疲れすぎてずっと眠ってしまった。

Harry keeps on dozing off during our meetings.

僕たちのミーティングで、ハリーはよく居眠りをする。

TOPIC

暑い・寒い

hotとcoldでは
物足りない
あなたへ

　気温を英語にするには、hotとcoldが通常使われますが、ほかにも面白い天気のフレーズはたくさんあります。

「暑い」のさまざまな言い方

「うだるような暑さ」を表すには、"It's really hot today."では物足りないでしょう。そんなとき、日本語と同じ「うだる」を意味するboilingが使えます。

It is boiling hot!　I can hardly move.
うだるような暑さだね！　私はほとんど動けない。

　陽ざしがとても強いときは、「焼けつくように暑い」を

意味する scorching hot や baking hot がいいです。

On scorching ／ baking hot days like today, it's fun to try to fry eggs on the road.

今日みたいな焼けつくように暑い日は、道路で卵を焼くのが楽しいです。

「心地よい暑さ」なら、balmy という形容詞があります。

I like to go outside and watch the fireflies on balmy summer nights.

私は、穏やかな夏の夜は、外に出て蛍を見るのが好き。

「寒い」のさまざまな言い方

同様に、cold 以外の英語もたくさんあります。

「凍るような」を意味する freezing をよく耳にします。

It's freezing cold today! Teeth are chattering.

今日は凍るような寒さだね！ 歯がカチカチ鳴るよ。

少しだけ寒いなら、nippy と chilly がいいです。

It's a bit nippy ／ chilly today. 今日は少し寒いね。

「自分の状態」を伝える

　brisk weather と crisp weather は、「ひんやりと澄みきった爽快な天気」という意味で秋によく使います。しかし、brisk weather は、crisp weather よりひんやりとしているので、僕はcrisp weather のほうが心地いいです。

It was a brisk day.　今日はひんやりとして爽快な日だった。

Japan has beautiful, crisp weather in November.

日本の11月は、きれいで清々しい天気だ。

I walked around the garden, breathing in the crisp autumn air.

庭を歩きながら、秋の爽やかな空気を吸い込んだ。

「暑い・寒い」のフレーズ

It's really hot today.　今日は**本当に暑い**。

It is boiling hot!　I can hardly move.
うだるような暑さだね！　私はほとんど動けない。

On scorching ／ baking hot days like today, it's fun to try to fry eggs on the road.
今日みたいな**焼けつくように暑い**日は、道路で卵を焼くのが楽しいです。

I like to go outside and watch the fireflies on balmy summer nights.
私は、**穏やかな**夏の夜は、外に出て蛍を見るのが好き。

It's freezing cold today! Teeth are chattering.
今日は**凍るような寒さ**だね！　歯がカチカチ鳴るよ。

It's a bit nippy ／ chilly today.　今日は少し**寒い**ね。

It was a brisk day.　今日はひんやりとして**爽快な**日だった。

Japan has beautiful, crisp weather in November.
日本の11月は、きれいで**清々しい天気**だ。

I walked around the garden, breathing in the crisp autumn air.
庭を歩きながら、**秋の爽やかな空気**を吸い込んだ。

TOPIC

痛い

キリキリ痛む
ヒリヒリ痛む
ズキズキ痛む

　病院に行くときに、「どんな痛みがあるのか」を的確に伝えることは重要でしょう。英語では「痛み」を表す言葉がたくさんあります。

痛いことを伝える

　痛みを伝えるには、動詞のhurtをしょっちゅう使います。

My leg hurts. 私の足が痛い。

　医者はよく「どこが痛い？」と聞くでしょう。この場合、

A：Where does it hurt? どこが痛い？

B：It hurts right here. Around my tonsils.

　ここが痛い。扁桃腺のまわり。

痛みは、名詞でpain。通常、have と一緒に使います。

I have terrible back pain right now! 　今、背中の痛みがやばい!

　さらに、医者はよく「どういう痛みがあるか」も聞きます。この場合、以下の英語が非常に役に立ちます。

ガンガン痛い

　ache は鈍い痛みで、「ガンガン痛い」に似ています。関節にある痛みによく使い、名詞にも動詞にもなります。

When it rains, my knees start to ache.
雨が降ると、膝がガンガン痛い。

　dull ache というフレーズもよく耳にします。これは「鈍く痛いこと」を強調します。

I have a dull ache in my ankle. 　足首に鈍い痛みを感じる。

キリキリする

　stab は「刺す」という意味なので、stabbing pain は「ナイフで刺されたような痛み」という意味。たまに胃にこのような痛みがあるでしょう。

I have a stabbing pain in my stomach. 　胃がキリキリ痛む。

「自分の状態」を伝える

しみる、ヒリヒリする

stinging pain は、「虫で刺されたような痛み」があるとき に使えるフレーズです。液体などが目に入ったときによく あるでしょう。辛いものを食べて、口の中がヒリヒリ痛い ときにもは使えます。

All the smoke gave me a stinging pain in my eyes.
たくさんの煙があって、目にしみた。

突然の刺すような痛み

この場合、twinge という名詞が使えます。

I felt a twinge in my back when I tried to lift a box.
箱を持ち上げようとしたときに、背中に、突然の刺すような痛み を感じた。

ズキズキとくり返す痛み

この場合、throb という英語がいいです。

I have a throbbing headache, so I took some aspirin.
頭がズキズキ痛いので、アスピリンを飲んだ。

「痛い」のフレーズ

My leg hurts. 私の足が痛い。

A : Where does it hurt? どこが痛い？
B : It hurts right here. Around my tonsils.
　　ここが痛い。扁桃腺のまわり。

I have terrible back pain right now! 今、背中の痛みがやばい！

When it rains, my knees start to ache.
雨が降ると、膝がガンガン痛い。

I have a dull ache in my ankle. 足首に鈍い痛みを感じる。

I have a stabbing pain in my stomach. 胃がキリキリ痛む。

All the smoke gave me a stinging pain in my eyes.
たくさんの煙があって、目にしみた。

I felt a twinge in my back when I tried to lift a box.
箱を持ち上げようとしたときに、背中に、突然の刺すような痛みを感じた。

I have a throbbing headache, so I took some aspirin.
頭がズキズキ痛いので、アスピリンを飲んだ。

TOPIC

疲れた

疲労感の
レベルは
5つある

　突然ですが、みなさんは「疲れた」を英語で何と言いますか？　多くの方が "I'm tired." を思い浮かべるのではないでしょうか。もちろんこれは正しい英語ですが、「疲れた」の英語はほかにもいくつかあります。

　状況や疲れの度合いに応じてほかのフレーズも使えるようになると、より会話も楽しくなるでしょう。ここでは疲れているときに使える、いろんな言葉を紹介します。

基本的な「疲れた」

　tired と tiring のように、「疲れた」を表す英単語は通常 -ing と -ed を使い分けています。

まず、「疲れた」と言いたいときは、-edを使います。

I am very tired.　私はとても疲れた。

「○○は疲れる」と伝えたい場合には、-ingを使います。

Raising kids is tiring.　子供を育てるのは疲れる。

tiredより強い英語は、tired outです。

I am tired out from staying awake all night.

徹夜をしたら疲れきってしまった。

・・

疲れ果てた
・・

　もう動きたくないくらい疲れているなら、tiredでは十分ではありません。そんなときは、exhausted、exhausting、worn out、dead tired、burned outがいいでしょう。

I'm exhausted from all that cleaning.

いろいろな掃除をしてくたびれてしまった。

　wornはwearの過去分詞で、一日中働いて疲れたときによく使います。

I'm worn out from looking after those twins.

その双子の世話でクタクタだ。

　dead tiredは、文字通り「死にそうなほど疲れた」という意味を表すことができます。

「自分の状態」を伝える

She was dead tired after working 17 hours straight.
彼女は17時間働きっぱなしで疲労困憊してしまった。

burned out は、疲れがたまっている場合に使います。

Don't get burned out. Try to relax on weekends.
疲れを溜め込んじゃだめだよ。週末にはくつろいでね。

「疲れた」のスラング

beat と pooped は、年齢を問わず使われているアメリカのスラングです。tired out と同じ意味になります。

I was beat after that baseball game.
僕は野球の試合でクタクタに疲れた。

knackered はイギリスのスラングで、worn out と同じ意味です。

That football game was knackering.
そのサッカーの試合でくたびれた。

最後に、紹介した英語を「疲れの強さ順」に並べてみました。ネイティブの感覚は人それぞれですが、僕は以下のような順番が適切かと思うので、ぜひ参考にしてみてください。

dead tired ＞ burned out ＞ worn out ／ exhausted ／ knackered ＞ tired out ／ beat ／ pooped ＞ tired

「疲れた」のフレーズ

I am very tired. 私はとても**疲れた**。

She is tired. 彼女は**疲れている**。

Raising kids is tiring. 子供を育てるのは**疲れる**。

I am tired out from staying awake all night.
徹夜をしたら**疲れきってしまった**。

I'm exhausted from all that cleaning.
いろいろな掃除をして**くたびれてしまった**。

Running a marathon is exhausting.
マラソンをすると**ヘトヘト**になる。

I'm worn out from looking after those twins.
その双子の世話で**クタクタ**だ。

I had a dinner party today, so I'm worn out from all the cooking.
今日はホームパーティーを開いたので、料理をしすぎて**疲れ果ててしまった**。

She was dead tired after working 17 hours straight.
彼女は17時間働きっぱなしで**疲労困憊**してしまった。

Don't get burned out. Try to relax on weekends.
疲れを溜め込んじゃだめだよ。週末にはくつろいでね。

The baby cries at night, so my wife is burned out from lack of sleep.

子供が夜泣きをするので、妻は寝不足続きで疲労が溜まってしまった。

I was beat after that baseball game.

僕は野球の試合でクタクタに疲れた。

I'm pooped! I can't move a muscle!

もうヘトヘト！ これ以上動けないよ！

That football game was knackering.

そのサッカーの試合でくたびれた。

TOPIC

緊張する

臆病な性格から
神経過敏まで
英語にする

　猫はもともと臆病な性格だと思いますが、僕の猫は特に臆病な気がします。ちょっとした音でも、体全体がピンと張り、硬直してしまいます。
　この性格を英語で表すと、tense が一番適切でしょう。tense は「ピンと張っている」という意味で、肩こりになったときに、"My shoulder muscles are tense." とも言えるし、緊迫した状況でも "It is tense situation." とも言えます。また、ドキドキしているときにも使えます。

My cat gets really tense when he hears a loud noise.
私の猫は大きい音を聞くと、とても緊張する。

「自分の状態」を伝える

よく使うのはnervous

また、nervousという英語もとても重要で、ネイティブはしょっちゅう使っています。由来は「神経」を意味するnerveです。nervousな人は神経が敏感で、いつもビクビクしています。

My friend is such a nervous guy. He can't talk to girls unless he gets drunk.
僕の友達はあがり症で、酔っ払わないと女性と話せない。

nervousは人の性格だけでなく、何かの原因で緊張するときにも使えます。

When I was a kid, I got really nervous before the school play.
子供のころ、学校の学芸会の前にとても緊張していた。

胃に蝶がいる

「緊張しすぎて胃が落ち着かない」ということもあるでしょう。ネイティブにとってこの感覚は、胃袋で蝶が飛び回っているのに似ているのです。

I have butterflies in my stomach. I am so nervous about tonight.

めっちゃドキドキしている。今夜のことでとても緊張しているんだ。

ドキッとしたとき

　神経質な人はびっくりしたときにドキッとします。びっくりしたときに跳び上がりそうになるため、英語ではjump（跳ぶ）を使います。jumpにyをつけると形容詞となり、「すぐにドキッとする人＝神経が過敏な人」という意味になります。

After the earthquake, we were all quite jumpy for several days.

地震の後、私たちは数日間とても緊張していた。

「緊張する」のフレーズ

My shoulder muscles are tense.　肩がこっている。

It is tense situation.　緊迫した状況。

My cat gets really tense when he hears a loud noise.
私の猫は大きい音を聞くと、とても緊張する。

My friend is such a nervous guy. He can't talk to girls unless he gets drunk.
僕の友達はあがり症で、酔っ払わないと女性と話せない。

When I was a kid, I got really nervous before the school play.
子供のころ、学校の学芸会の前にとても緊張していた。

I have butterflies in my stomach. I am so nervous about tonight.
めっちゃドキドキしている。今夜のことでとても緊張しているんだ。

After the earthquake, we were all quite jumpy for several days.
地震の後、私たちは数日間とても緊張していた。

COLUMN

気持ちが伝わる
「すみません」と「ごめんなさい」

　日本人にとって excuse me と sorry の違いを理解するのは難しいでしょう。

　sorry は、「自分が悪いことを認めていて、残念に思っている」というニュアンスがあります。

　一方で excuse me は、「失礼なことをしたけど、自分には責任がない」と思っています。

　たとえば咳をした場合、わざとではないので excuse me を使います。また、相手の声が聞こえない場合、自分のせいではなく、相手の声が小さかったり、自分の耳が年齢とともに遠くなってしまった場合もあるので、同じく excuse me を使います。

　しかし、ネイティブも excuse me と sorry をきちんと使い分けていません。責任を感じて excuse me を使うときもあれば、「失礼しました」という意味で sorry を使うときもあります。めちゃくちゃですね！

　相手の声が聞こえないときは、excuse me ／ sorry ／

pardonを使います。pardonは特にイギリス人が使っています。

Excuse me. I can't hear what you're saying.

（**すみません**。あなたが言っていることが聞こえません。）

Sorry. I totally missed that. Can you say it again?

（**すみません**。全然聞こえなかった。また言ってくれる？）

Pardon. I'm having trouble hearing you.

（**すみません**。ちょっと聞こえないのですが。）

　悪いことをして謝りたいときには、sorryという英語をよく使います。

　本当に悪いことをして謝罪をしたい場合、forgive meというフレーズも使えます。

I am really sorry for being an asshole yesterday.

（昨日私はひどいことをしました。**本当にすみません**。）

Please forgive me. I really didn't mean to say that to you.

（**私を許して**。本当にそれを言うつもりはなかった。）

　apologizeはかなりフォーマルな印象を与えます。

I would like to apologize on behalf of my company.

（会社を代表して**お詫び**いたします。）

日本語にはない「すみません」の使い方

　日本語では相手に同情するときに「すみません」とは言いませんが、英語ではsorryで「残念」や「気の毒」な感情を表現します。

I am so sorry to hear that you lost your job.

（君が失業するなんて。**お気の毒に。**）

I am so sorry for you and your family.

（あなたと家族のことを本当に**気の毒**に思います。）

　このような理由から、日本語を勉強し始めた外国人は、「残念」の代わりに「すみません」を使ってしまうことがあります。「君が失業するなんて、本当にすみません！」

いろんな「すみません」

　みなさんは、満員電車で降りたいときや人込みの中を通るときなど、周囲の人に何と声をかけますか？

　僕はとっさに「失敬！」と言ってしまうことがよくあります。居酒屋でよく会うおじいさんが「失敬、失敬」と言うので、かっこいいなと思ったのがきっかけでしたが、僕がこれを言うとだいたいの日本人が笑います。

　それでは、みなさんが英語圏の人に「すみません」と言い

たいとき、どのような英語を使いますか？　僕の経験上、日本人からはexcuse meと言われることが一番多いです。

　日本語では「ごめんなさい」と言うこともあるため、sorryもよくあります。間違いではありませんが、少し違和感があります。英語圏では、人にぶつからないかぎりsorryとは言わないからです。

・scuse me（すみません）
　多くのネイティブが excuse me よりよく言うのがこれ。単純に、excuse meのexを省いたら言いやすかったからでしょう。僕もこれを使っています。

・coming through（通ります）
　人込みを通りたいときなどによく使います。人が密集している場所でウエイターはこのように言います。
Excuse me. Coming through.　（すみません、**通ります。**）

・mind out（気をつけて）
　人とぶつからないために言います。

・make way（道をあけろ）
　これは命令口調で、丁寧なフレーズではないので普段はそれほど耳にしませんが、警察官や警備員などが「道をあけろ」

と言うときにこのフレーズを使います。

・gangway（どいて）

　何か緊急事態などで人が密集している場所を走りたいときには "Gangway!" と叫ぶこともできます。これは make way と同じ意味ですが「どけーー!!」のようなニュアンスなので、周囲の人は驚くと思います。

　古風なフレーズで、たとえば海賊が大勢乗っている船で危険物を運んでいるときに使いそうです。ニューヨーク市の地下鉄が込んでいて降りられないときにこのフレーズを使うと、周囲の人は驚いてよけてくれるでしょう。

第 3 章

「性格」を表現する

TOPIC

かわいい

イギリス人は
cuteが嫌い？

　漫画の影響で英語圏の国でもkawaiiは使われるようになってきていますが、kawaiiの意味がわからないネイティブは少なくないでしょう。

　それでは、どんな英語が「かわいい」という意味に近いのでしょうか。僕が考える限り、以下の英単語があげられます。

cute ／ sweet ／ nice ／ gentle ／ charming ／ darling ／ precious ／ lovable ／ adorable

darlingと**precious**は「かわいい＋大事」

　赤ちゃんについて話すとき、「かわいい」と言いたくなるでしょう。英語でいくつか役に立つ言葉があります。

「性格」を表現する

　まず、darlingを見てみましょう。通常、darlingは名詞で、ラブラブの二人が使う愛称です。しかし、形容詞としても使うことができます。

Oh, isn't he darling?　彼は超かわいいね。

　preciousには、「かわいい」だけでなく「大事」という意味も含まれています。

What a precious little thing!
この赤ちゃんはとてもかわいいね!

　このdarlingとpreciousは「本当にかわいい」という意味に近いですが、通常、赤ちゃんや子犬、子猫のみに使われています。

cute が一番適切

　ほかのことを「かわいい」と説明するには、cuteがよいでしょう。この言葉で、かわいい人、かわいいモノ、かわいい行動などを形容できます。

That's such a cute teddy bear.　かわいいクマのぬいぐるみだね。

　ただし、男性や女性に対してcuteを使うと、「かわいい」という意味だけでなく「きれい」「ハンサム」「セクシー」などの意味になります。「かわいい」だけの意味を伝えた

い場合は、sweet という言葉を使ったほうがいいです。

There are so many cute girls in my math class.
僕の数学のクラスには、美人がたくさんいる。
That boy can be so sweet sometimes.
その男の子はたまにめちゃかわいいよね。

　sweetには、「優しい」や「親切」という意味もあるので、上記の男の子は「優しい」というニュアンスもあります。「かわいくて、優しくない男の子」を説明するのは、少し困るでしょう。"On the surface he seems quite sweet, but in actual fact he is quite a naughty boy.（外見はかわいいけど実際はいたずら好きな男の子。）" のような長い説明が必要になります。

　また、イギリス人にとってcuteはとてもアメリカっぽいイメージがあり、好きじゃないイギリス人が結構います。僕の母はアメリカ人で、僕がイギリスの中学校でcuteを使ってしまったとき、先生はいい顔をしませんでした。
　結局、英語の言葉の中で「かわいい」はcuteが一番適切だと思いますが、日本の文化から生まれた言葉であることを考慮すると、ぴったりな英訳はないと言えるでしょう。

「かわいい」のフレーズ

cute / sweet / nice / gentle / charming / darling / precious / lovable / adorable かわいい

Oh, isn't he darling? 彼は超かわいいね。

What a darling little puppy! なんてかわいい子犬だ!

What a precious little thing!
この赤ちゃんはとてもかわいいね!

That's such a cute teddy bear. かわいいクマのぬいぐるみだね。

Felix the Cat is such a cute character. I wish he were real.
フィリックス・ザ・キャットはとてもかわいいキャラクターだね。本当の猫だったらいいのに。

There are so many cute girls in my math class.
僕の数学のクラスには、美人がたくさんいる。

That boy can be so sweet sometimes.
その男の子はたまにめちゃかわいいよね。

TOPIC

かっこいい

coolな人は
優しい人？

　かっこいいを英語にすると、coolが一番適切な単語でしょう。coolは英語のスラングの中では一番人気があると思います。広く定着している言葉なので、とても便利です。日本語の「かっこいい」と同様、流行っているモノにも使います。

I wish I could drive a really cool car around town.
私は町中をかっこいい車で走りたいな。

　coolを人に使うと、見た目がかっこよくなくても性格やファッションがかっこいいなどの「雰囲気がかっこいい」という意味に近いです。

Mitch is such a cool guy!　ミッチは本当にいい男だ！

You paid for dinner? You are so cool!

ごはんおごってくれたの？　本当にかっこいいね！

　ですので、美しい女性を表現したいなら、beautiful、cute、hotなどのほうがいいでしょう。男性の顔がかっこいいなら、coolよりhandsome、cute、hotなどにします。ファションがかっこいい場合は、stylishがいいでしょう。

Alex is not only really handsome, he's really stylish too.

アレックスはかっこいいだけではなくて、ファッションのスタイルもとてもいい。

cool以外のスラング

　sickは、最近流行っているスラングです。これはいい意味で使う「やばい」に似ているでしょう。

That's a sick outfit man!　その仮装はマジでやばい！

　awesomeは、coolよりもかっこいいという意味が強くなるので、very coolはawesomeに似ています。

That club in Miami was awesome. I want to go again!

あのマイアミのクラブはかっこよかった。また行きたいな！

「かっこいい」のフレーズ

I wish I could drive a really cool car around town.

私は町中を**かっこいい**車で走りたいな。

That is such a cool pair of jeans! Where did you get them?

あのジーンズはめちゃ**かっこいい**！ どこで買った？

Mitch is such a cool guy! ミッチは本当に**いい男**だ！

You paid for dinner? You are so cool!

ごはんおごってくれたの？ 本当に**かっこいいね**！

Alex is not only really handsome, he's really stylish too.

アレックスは**かっこいい**だけではなくて、**ファッションのスタイル**もとてもいい。

That's a sick outfit man! その仮装は**マジでやばい**！

That club in Miami was awesome. I want to go again!

あのマイアミのクラブは**かっこよかった**。また行きたいな！

TOPIC

モテる

あの男は
本物の
カサノバだ

　僕は、日本語を聞くときに、小さい「っ」があるかないかを判断するのが苦手です。なので、以前「モテる」と「持ってる」を区別できず、同じ言葉だと思っていました。

　しかし面白いことに、英語では「持ち上げる」を意味するpick upは「モテる」という意味としても使います。「ナンパする」という日本語に近いですが、can pick upは「モテる」のニュアンスで使われているのです。

Wow. That guy is always picking up lots of girls.
おぉ、あいつはいつも大勢の女性をナンパするな（＝それくらいモテる）。

popular と popular with の違い

「人気」を表す popular と popular with の違いも見てみましょう。

She is so popular. 彼女はすごく人気がある。

popular は「人気」という意味になります。これは異性からの人気というよりも一般的な人気を意味するので、作家や政治家などに対してもよく使います。

The most popular Japanese author in the UK is Murakami Haruki.
イギリスで最も人気のある日本人作家は村上春樹です。

しかし、村上春樹が異性から人気ならば、popular with girls/women などの英語を使います。

Murakami Haruki is very popular with girls in the UK.
イギリスで村上春樹はとてもモテます。

異性からはモテないけれど、同性からは人気があるなら、

My friend, who is a rugby player, is very popular with guys, but not so popular with girls.
ラグビー選手の友人は、同性からは人気があるが異性からはモテない。

「性格」を表現する

「モテる」のスラングは男性のものばかり

　英語には、「モテる」を表すスラングもたくさんありますが、すべて男性のみに使えるものです。

　たとえば、chick magnetのmagnetは「磁石」で、chickは「女性」という意味なので、磁石のように女性を惹きつけるというニュアンスになります。

Brian is such a chick magnet.　ブライアンはめっちゃモテる。

　player ／ mac ／ stud（種馬）／ charmerも、「モテる男性」を表すスラングです。

how to be a player　女性にモテる方法

Dude, you are a stud! So many girls hit on you.

君は本当にモテるね！　大勢の女性は君に言い寄るもんね。

　人の名前ですが、"He is a Don Juan ／ Casanova."と言うと、「彼は女性から大人気」という意味になります。

　Don Juanはモーツァルトの有名なオペラの主人公で、1003人の女性と寝たことを自慢します。また、Casanovaはイタリアの冒険家で、プレイボーイとしても有名でした。

また、ladies' man や lady killer という言葉は、60 年代に
よく使われていましたが、今でも日常的に使われています。
女性を殺すほどの魅力があるというニュアンスになります。

I wonder if my dad was a ladies' man.
父はモテるタイプであっただろう。

womanizer は「女ったらし」のようなネガティブなニュ
アンスで使われています。

Martin is a real womanizer. I feel so bad for his wife.
マーティンは真の女ったらしで、奥さんがとても気の毒だ。

playboy は、みなさんも耳にしたことがあると思います
が、モテるだけではなくお金を持っていてたくさんの女性
と遊ぶ人のイメージでもあります。

There are so many playboys in Roppongi.
六本木にはプレイボーイが大勢いるね。

これだけ男性の「モテる」のフレーズがあると、いかに男
性が女性にモテたいか、モテた話がしたいかがわかりますね。

「性格」を表現する

　モテる女性を表す面白いスラングは思い浮かびませんが、以下のフレーズはよく耳にします。

All the guys in the class are in love with Samantha.
クラスの男子全員、サマンサのことが大好きだ。

Loads of guys hit on Polly.
大勢の男性がポリーを口説く。

「モテる」のフレーズ

Wow. That guy is always picking up lots of girls.
おぉ、あいつはいつも大勢の女性をナンパするな（＝それくらいモテる）。

She is so popular.　彼女はすごく人気がある。

The most popular Japanese author in the UK is Murakami Haruki.
イギリスで最も人気のある日本人作家は村上春樹です。

Murakami Haruki is very popular with girls in the UK.
イギリスで村上春樹はとてもモテます。

My friend, who is a rugby player, is very popular with guys, but not so popular with girls.
ラグビー選手の友人は、同性からは人気があるが異性からはモテない。

Brian is such a chick magnet.　ブライアンはめっちゃモテる。

how to be a player　女性にモテる方法

Dude, you are a stud! So many girls hit on you.
君は本当にモテるね！　大勢の女性は君に言い寄るもんね。

He is a regular Don Juan.　彼はとてもモテる。

He is a true Casanova.　（同上）

I wonder if my dad was a ladies' man.
父はモテるタイプであっただろう。

My friends don't call me a lady killer for nothing.

友人が僕を**モテ男**と呼ぶ理由は十分にある。

Martin is a real womanizer. I feel so bad for his wife.

マーティンは真の**女ったらし**で、奥さんがとても気の毒だ。

There are so many playboys in Roppongi.

六本木には**プレイボーイ**が大勢いるね。

All the guys in the class are in love with Samantha.

クラスの**男子全員**、サマンサのことが**大好きだ**。

Loads of guys hit on Polly.

大勢の男性がポリーを**口説く**。

TOPIC

ケチ

ヴァネッサ
はとても
安いよ！

　僕の父は節約家で、母は浪費家です。そのせいで買い物や外食などの際にたびたび父と母は揉めることがあります。
　前回僕がアメリカに帰った際も、レストランで母はワインを頼んだのですが、父は無料の水を飲みたかったらしく、"Could we have some water please?（お冷をいただけますか？）"とウェイターに言いました。すると母は父に対して小さな声でこう言いました。

Please don't be so stingy. It's embarrassing.
恥ずかしいから、どケチなことしないでよ。

　少し考えて父は、"Okay. What's your cheapest red?（じゃあ一番安い赤ワインは何ですか？）"と言い、それを聞

いた母は自分の顔を両手で覆っていました。

　僕は父のことを節約家だと思っていますが、母にとってはただのケチでしかないようです。ケチを表す英語の中で一番多く耳にするのは、母も言っていたstingyです。

最も有名なケチは「クリスマス・キャロル」のあの人

　みなさんは、映画にもなった「クリスマス・キャロル」の主人公エベネーザ・スクルージを知っていますか？　彼は守銭奴で有名です。英語で言うと、守銭奴はmiser。

Scrooge is perhaps the most famous miser in literature.
文学では、スクルージは最も有名な守銭奴だ。

　守銭奴のような人を Scrooge と呼ぶこともできます。

He's such a Scrooge.　彼はとんでもなくケチだね。

　ほかの言い方もあります。こちらの英語を見てください。

Vanessa is so cheap!!

　これは、一見誰かがヴァネッサを安い値段で売ろうとしているようにも思えますが、本当の意味は「ヴァネッサはとてもケチだ」になります。

I'm not cheap. I just don't like wasting money.

僕はケチじゃなくて、節約家なんだよ。

　ケチという言葉をよりスラングっぽく言いたい場合は、こんなアメリカ英語があります。

Vanessa is such a cheapskate.　ヴァネッサは本当にケチだ。

　cheapskate は、アメリカ英語で「お金があるのに使わないケチな人」という意味です。イギリス英語では、tightwad がいいでしょう。

Vanessa is such a tightwad.　ヴァネッサは本当にケチだ。

ポジティブなケチ

　しかし、ケチはネガティブなニュアンスで使われていると思うので、もしポジティブなニュアンスで「節約上手な人」を表したいなら、thrifty や frugal がおすすめです。

My brother is very thrifty, so he was able to buy a house by the time he was thirty.

兄はお金のやりくりが上手いので30歳で家を買えるようになった。

I try very hard to live frugally.

僕は頑張って倹約生活をしてみる。

「ケチ」のフレーズ

Please don't be so stingy. It's embarrassing.
恥ずかしいから、どケチなことしないでよ。

Why are you so stingy when you've got so much money?
あなたってお金持ちなのにケチだよね！

Scrooge is perhaps the most famous miser in literature.
文学では、スクルージは最も有名な守銭奴だ。

He's such a Scrooge. 彼はとんでもなくケチだね。

Vanessa is so cheap!! ヴァネッサはとてもケチだ。

I'm not cheap. I just don't like wasting money.
僕はケチじゃなくて、節約家なんだよ。

Vanessa is such a cheapskate. ヴァネッサは本当にケチだ。

Vanessa is such a tightwad. （同上）

My brother is very thrifty, so he was able to buy a house by the time he was thirty.
兄はお金のやりくりが上手いので30歳で家を買えるようになった。

I try very hard to live frugally.
僕は頑張って倹約生活をしてみる。

TOPIC

神対応・塩対応

うんちのように
対応された!?

「神対応」と「塩対応」を表す英語を説明する前に、まず「対応」の英語を紹介します。通常、treat という動詞を使います。たとえば、優しく扱われていないときには、

Why do you treat me so badly?
なんで俺をそんなにひどく扱うの?

と言えます。treat badly は、塩対応ほど強い意味にはなりませんが意味は近いでしょう。

また、treat well は「優しく扱う」という意味になります。

You should treat me better!
私をもっと優しく扱ってほしい!

しかし、これは「神対応」のニュアンスとはちょっと違

「性格」を表現する

女王様か王様のように扱う

treatは、よく比喩と一緒に使います。たとえば、「相手がまるで女王か王かのように扱う」を意味するtreat like a queen／kingは神対応をよく表しています。

When I went to a host bar in Shinjuku, they treated me like a queen!
新宿のホストバーに行ったら、まるで女王様のように扱ってもらった！

give the VIP treatmentは「VIPのように扱う」という意味になります。VIPは重要人物を意味するvery important personの略で、日本語でもビップやブイ・アイ・ピーと言いますね。

When I went to that beauty salon in Ginza, they gave me the VIP treatment!
あの銀座の美容室は、神対応だった！

自分が存在しないかのように扱う

では塩対応なら、どんな英語がいいでしょう。

この場合、treat like someone doesn't exist や treat like shit というフレーズがいいでしょう。前者は、「自分が存在しないように扱われる」という意味になります。

後者は、「うんちのように対応される」という、とても失礼な言い方なので気をつけて使ったほうがいいでしょう。

英語圏でこのような言い方は、多くあります。たとえば、smell like shit や look like shit などもその一つです。

When I met my favorite pop idol at a meet-and-greet event, she didn't even glance at me when she shook hands with me. It was like I didn't even exist.

アイドルの握手会で彼女と握手をしたとき、目も合わせてくれなくて塩対応だった（glance ＝ いちべつ）。

「神対応・塩対応」のフレーズ

Why do you treat me so badly?
なんで俺をそんなに**ひどく扱う**の？

You should treat me better!
私をもっと**優しく扱って**ほしい！

When I went to a host bar in Shinjuku, they treated me like a queen!
新宿のホストバーに行ったら、まるで**女王様のように扱って**もらった！

When I went to that beauty salon in Ginza, they gave me the VIP treatment!
あの銀座の美容室は、**神対応だった**！

When I met my favorite pop idol at a meet-and-greet event, she didn't even glance at me when she shook hands with me. It was like I didn't even exist.
アイドルの握手会で彼女と握手をしたとき、目も合わせてくれなくて**塩対応**だった（glance＝いちべつ）。

115

COLUMN

気持ちが伝わる
「丁寧なお礼」と「くだけたお礼」

　外国に行くと、いろいろなことが一人でできなくなります。道がわからなかったり、モノの使い方がわからなかったり、文化や礼儀もわかりませんので、いろいろなお願いをしなければなりません。

　お礼を言うとき、英語ではお礼の対象によって「冠詞」が変わります。冠詞が間違っている日本人のお礼をよく耳にするので、ここで正しいお礼の言い方をちゃんと説明したいと思います。

　大層なお願いをするときや同じ人にいくつかのお願いをしたいときは、そのお願いに適したお礼を覚えておいたほうがいいでしょう。

　まずは、基本的なお礼の表現を見てみます。

Thank you for the roses. （バラをありがとうございます。）

　多くの場合、感謝するなら、「そのプレゼントをどのくらい気に入ったのか」も伝えたいので形容詞をつけます。

Thank you for the beautiful roses.

（素敵なバラをありがとうございます。）

日本人がよく間違える「冠詞」

モノをもらったら the を使います。モノではなく何かをしてもらったときは、your などの所有格を使います。

Thank you for your amazing kindness.

（とても優しくしてくれて、ありがとうございます。）

この使い分けは少々難しいかもしれませんが、よく考えると論理的です。モノに感謝する場合、あなたが感謝するのは、世界中のバラの中からプレゼントされたそのバラだけ。よって、バラが特定されるので the を使います。

ところが、相手の感情や行為に感謝する場合に the を使うと、少し冷たい印象です。your などの所有格を使えば、「相手がしてくれた」という部分が強調されます。

つまり、"Thank you for the presentation." よりも、"Thank you for your presentation." のほうがより温かく感謝が伝わるのです。「あなたがわざわざしてくれたプレゼンテーション、本当にありがとうございます。」となります。

それでは、所有格 your が the より丁寧なら、どうしてモノへのお礼には所有格 your を使わないのでしょうか？

それは、"Thank you for your roses." と言うと「あなたのバラを私に渡してくれて、ありがとうございます。」となり、相手は "Your roses?　But they were meant for you.（私のバラ？　ちがうよ、あなたにプレゼントしたんだよ）" と言いたくなるでしょう。

より感謝の気持ちを伝えるなら

　より感謝の気持ちを表したいときには、副詞をつける方法が一般的でとても簡単です。

Thank you very much ／ ever so much for the roses.
（バラをくれて本当にありがとうございます。）

　ネイティブはsuch もよく使います。これは比較の言葉なので、対象が単数なら、冠詞はthe ではなく a です。such a は「どれだけ感謝しているのか」を表します。

Thank you for such a beautiful bouquet of roses.
（このような素敵なバラの花束をありがとうございます。）

Thank you for such a stellar evaluation.
（このような素晴らしい評価をしてくださり、ありがとうございます。）

　such a の後には形容詞がきます。対象が複数なら、a はつけません。

恐縮してお礼を言いたいとき

You shouldn't have.
（こんなことしてくれなくてもよかったのに。）
I am much obliged. （本当に恐縮です。）

くだけたお礼 thanks

　次は、もう少しくだけたお礼を見てみます。
「thanks + for + 対象」の形をとります。
Thanks for the roses. （バラをありがとう。）
　thanksは、感謝したい相手が目の前にいないときは使えません。thankにsをつけ忘れると、ネイティブはとても違和感を覚えるので気をつけましょう。

　副詞を変えてより感謝を伝える場合は、以下の副詞（句）を使うといいです。
Thanks a lot ／ awfully ／ a million ／ a bunch for the roses.
（バラをどうもありがとう。）
　awfullyはイギリス英語のスラングです。また、a millionとa bunchは、大げさで面白い表現です。

フォーマルなお礼

動詞appreciateや形容詞gratefulを使うときは、Iが必要です。これらは、your helpやyour workなどの感謝したい「行為」に使います。

appreciateは、前置詞なしで使います。

gratefulは、be動詞と前置詞forと一緒に使います。

I appreciate your help. （助けてくれてありがとう。）

I am extremely grateful for all that you have done for me this year.

（あなたが今年してくれたことすべて、本当にどうもありがとう。）

通常、感謝するのが過去の出来事でも、現在時制を使います。しかし、last timeやlast nightなど、過去の時間を特定する言葉を使うときは、過去時制を使います。

I really appreciated your help last night.

（昨夜は、私を助けてくれて本当にありがとうございました。）

appreciateは、受動態でも使えます。

Your kindness is very much appreciated.

（あなたの優しさにとても感謝しています。）

Your cooking was much appreciated.

（あなたの料理にとても感謝しています。）

COLUMN

表現力を上げる
「クリエイティブなお礼」

英語では、基本的な形のお礼より個性的で創造的なお礼の
ほうがより丁寧だと感じ、喜ばれます。上手にお礼を言いた
いなら、自分なりのお礼を言ったほうがいいでしょう。

ここでは、より楽しく、よりクリエイティブな英語のお礼
を紹介します。

多くのネイティブは、モノや行為に感謝するときに、よく
ほめます。自分の気持ちを細かく説明して、どれぐらい感動
したのかを表すのです。すると、ほかのお礼の言葉は必要あ
りません。例文をいくつか書いてみます。

You have no idea how much this means to me.
（これがどれぐらい大事なものなのか伝えられません。）
I was really blown away by the gift that you bought
me!
（あなたのプレゼントで、本当に吹き飛ばされそうだった！）
I had an amazing evening last night. You're the best!

（昨夜は本当に最高な夜だった。君も最高だよ！）

Your friendship means the world to me. Thank you so much.

（あなたの友情は本当に大切だよ。どうもありがとう。）

Words cannot convey my gratitude.

（言葉だけでは私の感謝の気持ちを表すことができません。）

Your generosity is simply overwhelming.

（君は本当に気前がよい。びっくりした。）

Honestly, I am forever in your debt.　（一生恩に着ます。）

Wolfgang Puck could not have done a better job himself.

（ウルフギャング・パックでも、これほど上手な料理はできなかっただろうね。）

TOPIC

天然ボケ

バカなふりと
自然なアホ
の違い

「天然ボケ」の英語を説明する前に、まず漫才に由来した「ボケ」を表す英語を考えましょう。

someone playing the fool というフレーズはボケをうまく表していると思います。これは、「わざと笑わせるための行動をする」という意味です。

Roger is the class jester. He's always playing the fool.
ロジャーはクラスのお調子者だ。彼はいつもボケている。

playing は「マネする」という意味もあるため、play the fool は「バカなふりをする」という意味にも近いです。しかし、本題の「天然ボケ」は意図的ではなく無自覚にボケているので、play の部分を変えたほうがいいです。たとえば、

Sally is a fool!　サリーはアホだ！

　しかし、fool はきつい言葉なので、天然ボケのニュアンスまでは伝わりませんね。僕が思うに「天然ボケ」は相手に面と向かって言える言葉なので、goofy という単語がいいかもしれません。goofy とは、ディズニーのグーフィーというキャラクターのように「滑稽で風変わりな人」を言います。

You're kind of goofy and that makes you fun to hang out with.

君は天然ボケで、一緒にいていつも楽しいよ。

　goofball というスラングもあります。これは goofy と同じ意味の名詞です。

Mikey, you're such a goofball.　マイキー、天然ボケだね。

　ditzy や airhead は、女性だけに使います。

OMG! You are so ditzy!　嘘だろ！　君って超天然キャラだ！

What an airhead!　なんて天然ボケなんだ！

　「天然」を伝えるために a natural idiot と言う日本人がよくいますが、ネイティブは使いません。「天然」をどうしても訳したいなら、innate（生来の）がいいでしょう。

He is innately goofy.　彼は生まれつきとぼけています。

「天然ボケ」のフレーズ

Roger is the class jester. He's always playing the fool.
ロジャーはクラスのお調子者だ。彼はいつも**ボケている**。

Sally is a fool!　サリーは**アホ**だ!

You're kind of goofy and that makes you fun to hang out with.
君は**天然ボケ**で、一緒にいていつも楽しいよ。

Mikey, you're such a goofball.　マイキー、**天然ボケ**だね。

OMG!　You are so ditzy!
嘘だろ!　君って超**天然キャラ**だ!

What an airhead!　なんて**天然ボケ**なんだ!

He is innately goofy.　彼は**生まれつきとぼけています**。

TOPIC

癒し系

居心地のいい人は
美人じゃない？

　癒し系という考え方は、多くの外国人にとってわかりづらいでしょう。これは日本独特の文化なので、訳しづらいです。

　僕は日本にいろいろな「〇〇系」があると知ったとき、とても面白いなと思いました。草食系、ギャル系、ヴィジュアル系……いろいろな系があって、僕も系に入りたいなと一時思いましたが、結局、何系に入ればいいのか決められませんでした。

お母さんっぽい、お父さんっぽい

　癒し系を上手に訳すのは難しいですが、「お母さんっぽ

い女性」や「お父さんっぽい男性」なら、英語でmotherly
やfatherlyと言うことができます。これは、日本で言うア
ネゴやアニキのように面倒見がいいなど、年上らしい行動
をとる人に対して使います。

**My boyfriend always buys me treats. He's quite fatherly
really.**

私の彼氏はいつもちょっとしたギフトを買ってくれて、本当にお
父さんっぽい。

癒してくれる人

　癒し系の恋人と伝えたいなら、「癒してくれる」を意味
する形容詞comfortingや「リラックスさせてくれる」を意
味する形容詞relaxingと言うのがいいです。

It's always so comforting to be around her.

彼女と一緒にいると、いつも癒される。

She makes me feel so relaxed.

彼女と一緒にいると、いつもリラックスできる。

　「癒し系」と言い切るなら、

She is such a comforting type of person.

あの人は、癒し系のキャラクターだ。

家庭的な人

　最後に、「家庭的な」を意味する homely という言葉があります。これは居心地のいい家に対してよく使いますが、人にも使えます。しかし、「美人（ハンサム）じゃない」というニュアンスがあるので、気をつけて使ってください。

My brother's girlfriend is really kind and homely.
兄の彼女はとても優しくて家庭的な人だ。

「癒し系」と言い切るなら、

My friend is easy-going and kind of plump, so a lot of people say that she is a homely type of person.
私の友達はいつも穏やかでぽっちゃり体型なので、まわりから癒し系だと言われている。

「癒し系」のフレーズ

My boyfriend always buys me treats. He's quite fatherly really.

私の彼氏はいつもちょっとしたギフトを買ってくれて、本当に**お父さんっぽい**。

It's always so comforting to be around her.

彼女と一緒にいると、いつも**癒される**。

She makes me feel so relaxed.

彼女と一緒にいると、いつも**リラックスできる**。

She is such a comforting type of person.

あの人は、**癒し系のキャラクター**だ。

My brother's girlfriend is really kind and homely.

兄の彼女はとても優しくて**家庭的な人**だ。

My friend is easy-going and kind of plump, so a lot of people say that she is a homely type of person.

私の友達はいつも穏やかでぽっちゃり体型なので、まわりから**癒し系**だと言われている。

TOPIC

甘える

「甘やかす」から
「お言葉に甘えます」
まで英語にする

　僕にとって日本語は、「切ない」や「なつかしい」のように、1つの言葉でいくつもの感情を伝えられる便利なものもあれば、似ている言葉なのに意味がわずかに違っていて、使い分けに困るものもあります。

　最近まで、僕は「甘やかす」と「甘えさせる」の違いがわかりませんでした。いったい日本語はどこまで奥が深いのでしょう。この「甘え」という類いの言葉も、英語にはほとんどないので、そのまま訳すことができません。

　ここでは、「甘え」にもとづくいろいろな日本語を、状況や感情によってさまざまな英語に言い換えてみましょう。

「性格」を表現する

甘える、甘えている

たとえば、「子供みたいに甘える」が「子供が母親にくっついているような状態」を意味するなら、

My boyfriend doesn't hold hands when we go outside, but when we're at home he clings to me like a kid.
私の彼は外では手もつながないのに、家では子供みたいにくっついてくる。

とすると同じようなニュアンスになるでしょう。

「人には厳しいが自分には甘い」という文章なら、

I'm pretty strict with other people but not with myself.
僕は人に厳しいが自分に対しては逆だ。

親が子供に言いそうな「甘ったれるな！」は、

Go to school and stop complaining.
文句ばっかり言ってないで学校に行きなさい。

「甘えさせてあげる」は、具体的に何をしたかによって言い方が変わるでしょう。

My son put up with the injection until right afterwards when he began to cry his eyes out, so I held him until he stopped crying.

息子は注射の最中は我慢していたが、終わった途端堪えきれず泣いてしまったので、泣き止むまで抱きしめてあげた。

甘やかす

　そして、親が子供をダメにしてしまうような「甘やかす」という言葉は、動詞 spoil（過度に甘やかす）で表せます。

Mary spoils her seven-year-old son rotten.

メアリーは7歳の息子を完全に甘やかしている。

　rotten は通常「腐る」という意味なので、腐るほど（完全に）甘やかすというようなニュアンスになります。

「甘やかされて育った」は「親に叱られることなく育った」とも言い換えられるでしょう。

I think that my wife is selfish because her parents never disciplined her when she was young.

僕の妻は両親に叱られずに育ったせいかわがままだ。

「性格」を表現する

お言葉に甘えさせていただきます

　日本人がよく使う「お言葉に甘えさせていただきます」も英語にしたいところですが、実はネイティブはこのような言葉を使いません。

　同じような状況なら、一度相手の申し出を断ったり、何回か確認したりする場面。たとえば、上司が「ここは私がおごるから好きなものを頼んでいいぞ」と言ってくれたときには、

Are you sure?　本当にいいのですか?

That's really not necessary.　いいですよ、そんな。

　などのようなフレーズを使うのが自然です。

　この記事を書いたら、「甘え」という類いの言葉も、さまざまなニュアンスが含まれているので本当に便利な日本語だなと実感しました。

　しかし、使い方によってここまで意味が変わるので、日本語を勉強している外国人にとっては、かなりやっかいな言葉の一つかもしれません。

「甘える」のフレーズ

My boyfriend doesn't hold hands when we go outside, but when we're at home he clings to me like a kid.

私の彼は外では手もつながないのに、家では子供みたいにくっついてくる。

I'm pretty strict with other people but not with myself.

僕は人に厳しいが自分に対しては逆だ。

Go to school and stop complaining.

文句ばっかり言ってないで学校に行きなさい。

My son put up with the injection until right afterwards when he began to cry his eyes out, so I held him until he stopped crying.

息子は注射の最中は我慢していたが、終わった途端堪えきれず泣いてしまったので、泣き止むまで抱きしめてあげた。

Mary spoils her seven-year-old son rotten.

メアリーは7歳の息子を完全に甘やかしている。

I think that my wife is selfish because her parents never disciplined her when she was young.

僕の妻は両親に叱られずに育ったせいかわがままだ。

Are you sure? 本当にいいのですか？

That's really not necessary. いいですよ、そんな。

TOPIC

意識が高い

「やり手」から
「もの知り顔」
まで英語にする

　日本人は「意識が高い」を英語にするとき、highly conscious person や a person with high consciousness と言いますが、ネイティブはこのような英語を使いません。

　しかし、「環境問題に対する意識が高い」を意味する environmentally conscious や「社会的なことに意識が高い」を意味する socially conscious はよく耳にします。

Environmentally conscious consumers often buy organic produce.
環境への意識が高い消費者はよく有機農産物を買います。
He likes to volunteer on his days off, so he's a socially conscious kind of a guy!

彼は休日になるとボランティア活動をするのが好きだから、社会的な意識が高い！

頑張っている人

「意識が高い」には、とても頑張っている人というニュアンスもあるでしょう。go-getter というフレーズは、仕事に対して積極的な人に使われます。イメージは冒険心があって、仕事でイニシアチブを発揮するような人です。

Amy is a real go-getter. She already had a successful company by the age of 25.

エイミーは本当にやり手。25歳でもう成功した会社を持っていた。

もの知り顔

「意識が高い」を皮肉っぽく使う人も結構いるでしょう。この場合、もの知り顔をする人を意味する smart aleck や smart ass がいいです。Aleck は男性の名前ですが、このフレーズは小文字で書いて、女性にも使えます。

He is always making witty remarks. He's a bit of a smart aleck.

彼は名言ばかりを言って、意識が高い系を気取っている。

「意識が高い」のフレーズ

Environmentally conscious consumers often buy organic produce.

環境意識が高い消費者はよく有機農産物を買います。

He likes to volunteer on his days off, so he's a **socially conscious** kind of a guy!

彼は休日になるとボランティア活動をするのが好きだから、社会的な意識が高い！

Amy is a real **go-getter**. She already had a successful company by the age of 25.

エイミーは本当にやり手。25歳でもう成功した会社を持っていた。

That woman over there holds a study group every week. She's a real **go-getter**.

あの女性は、毎週、勉強会を開いていて意識が高い。

He is always making witty remarks. He's a bit of a **smart aleck**.

彼は名言ばかりを言って、意識が高い系を気取っている。

TOPIC

まじめ

ジョーカー
の名台詞
の意味

　僕は「ダークナイト」というバットマンの映画がとても好きです。ヒース・レジャー演じるジョーカーが、特に印象的でした。彼の名フレーズ "Why so serious?" は、"Why are you so serious?" の略ですが、なぜジョーカーはこのフレーズを使っているのでしょうか。

　seriousは、あまり笑わない人や冗談が通じない人に使います。また、本や映画の内容がまじめすぎたり、硬すぎたときにも使います。

My mate is a very serious person. I never see him crack a smile.
俺の友達は、本当にまじめなタイプだ。彼は全然笑わない（crack

「性格」を表現する

a smile……微笑む)。

That was such a serious movie. I suppose I learnt a lot, but I didn't laugh once.
あの映画は、本当にまじめだったよね。結構勉強になったけど、一回も笑っていない。

　そこで、ジョーカーが使っている "Why so serious?" は「なぜあなたはそんなにまじめなの？」ではなく、「なぜジョーカーのように笑わない？」という意味になります。

Why are you so serious today?　今日はなぜ笑わないの？

　深刻すぎて笑えないときにも serious は使えます。

This is a very serious matter.　Do not laugh at it!
これは非常に深刻なことだよ。笑わないで！

　ほかにも、冗談が通じない人は humorless や a person with no sense of humor と言います。

Darwin has no sense of humor. Everyone else thought it was hilarious!
ダーウィンはまじめすぎるよ。彼以外は、みんなそのことが面白くて仕方がなかったんだから！

嘘をつかない人、正直な人

嘘をつかない人や正直な人には、honest を使います。

He's such an honest person. I really feel like he'll tell me the truth if I ask him.

彼は本当に正直な人だよ。彼に聞いたら、絶対に真実を言うと思うよ。

よく to be honest というフレーズで文章を始めます。

To be honest, I don't really feel like going out tonight.

正直に言うと、今夜あまり出かけたくない。

信頼できる人

信頼できる人という意味なら、trustworthy ですが、a person you can trust というフレーズもよく耳にします。恋愛の話でよく出てくるでしょう。

I want a boyfriend that I can trust.

私はまじめな彼氏が欲しい。

「まじめ」のフレーズ

My mate is a very serious person. I never see him crack a smile.

俺の友達は、本当に**まじめな**タイプだ。彼は全然笑わない

That was such a serious movie. I suppose I learnt a lot, but I didn't laugh once.

あの映画は、本当に**まじめ**だったよね。結構勉強になったけど、一回も笑っていない。

Why are you so serious today? 今日はなぜ笑わないの？

This is a very serious matter. Do not laugh at it!

これは非常に**深刻な**ことだよ。笑わないで！

Darwin has no sense of humor. Everyone else thought it was hilarious!

ダーウィンは**まじめすぎる**よ。彼以外は、みんなそのことが面白くて仕方がなかったんだから！

He's such an honest person. I really feel like he'll tell me the truth if I ask him.

彼は本当に**正直な**人だよ。彼に聞いたら、絶対に真実を言うと思うよ。

To be honest, I don't really feel like going out tonight.

正直に言うと、今夜あまり出かけたくない。

I want a boyfriend that I can trust.

私は**まじめな**彼氏が欲しい。

TOPIC

リア充

「社交的」から
「充実感」
まで英語にする

　日本に住む外国人の友達には、日本語学校に通っている人と英会話の先生をしている人が多いです。日本語学校に通う友達はいつも暇そうで、国内旅行をしたり、飲み会に行ったり、楽しそうなことをしている人ばかり。反対に、英会話の先生をする友達は、よく働いているみたいです。学生のほうがリア充のようですね。

　では、このような学生の生活は、どのような英語で表せばいいのでしょう。

　まず、social life という言葉を紹介します。social life は「社交生活」という意味なので、great social life がある人は友達とよく遊んでいます。

「性格」を表現する

Facebook is where people go to boast about their amazing social life.
Facebookは、リア充をアピールする場所だ。

She is always busy with her boyfriend and friends. I'm so jealous of her social life!
彼女は、いつも恋人や友人との予定で忙しくて、リア充なのがうらやましい。

社交的な人

　社交的な人は英語でextrovertやoutgoingと呼ばれています。

I'm quite shy, but my brother is a real extrovert.
私は結構シャイだけど、お兄さんはとても社交的です。

充実感がある

　充実感や満足感を表すには、fulfillingという形容詞がいいです。

I wish that I had a more fulfilling life!
より充実感がある人生を送りたい！

「できるだけ生かす」という意味で、make the most of your life は「人生を充実する」という意味になります。

友人が「土曜日の朝はヨガ、午後は友達とランチ、夜はパーティーに行くんだ。」と言って来たら、こう答えるといいでしょう。

Wow. You are making the most of your life!
リア充だね!

人生を生きているイメージ

リア充な人は、「人生を生きている」というイメージに近いと思います。英語では、live life to the max（人生を最大限に生きる）というくだけたフレーズをよく耳にします。

I want to live life to the max.　私は人生を充実させたい。

「今を生きる」という言葉は「リア充」に似ています。英語なら、live in the moment がいいです。

Live in the moment.　今を生きる。

このように英語圏では「リア充」のような言葉はありませんが、それに近い言葉は頻繁に使われています。

「リア充」のフレーズ

Facebook is where people go to boast about their amazing social life.

Facebookは、リア充をアピールする場所だ。

Ben is always out with friends. He has an amazing social life.

ベンはいつも友達と一緒に出かけたりする。彼は本当にリア充しているね。

She is always busy with her boyfriend and friends. I'm so jealous of her social life!

彼女は、いつも恋人や友人との予定で忙しくて、リア充なのがうらやましい。

I'm quite shy, but my brother is a real extrovert.

私は結構シャイだけど、お兄さんはとても社交的です。

My mom is so outgoing. She made friends with our neighbors the first day we moved to our new house.

母は本当に社交的だ。新しい家に引っ越した日、近所の人と仲良くなった。

I wish that I had a more fulfilling life!

より充実感がある人生を送りたい！

Wow. You are making the most of your life!

わぁ、リア充だね！

I want to live life to the max. 私は人生を充実させたい。

Live in the moment. 今を生きる。

TOPIC

優柔不断

決断力が
ない人は
なんと言う？

　日本の女性は、優柔不断な男性を好ましく思わないイメージがあります。たとえばカップルが食事に行くとき、どこのレストランに行くのか、何を食べるのか決められない男性は優柔不断とされ、多くの女性はイライラするでしょう。

　一方イギリスでは、このような男性の行動を優しさと感じる女性が結構います。

　僕はこの四字熟語が好きなので、優柔不断を英語にするとどんな訳がよいか考えてみました。

　decideは「決める」という動詞ですが、形容詞のdecisiveはdecideに由来し、「決断力がある」という意味になり、逆の意味「決断力がない」、つまり優柔不断はindecisiveと

「性格」を表現する

言われています。

My boyfriend is so indecisive! He can never decide on which restaurant to go to.
私の彼氏は超優柔不断！　いつもどこのレストランに行けばいいのか決められない。

　しかし、indecisive はわりと普通の英語です。
「優柔不断」のように少し面白いフレーズを使いたいと思うなら、wishy-washy がぴったりでしょう。煮え切らない優柔不断な人、もしくはその行動を説明する形容詞です。

I am fed up with dating wishy-washy sorts of men.
なよなよした男とデートするのはもううんざりだわ。

Don't give me such a wishy-washy answer.
そんなにあいまいな返事をするなよ。

I just can't believe how wishy-washy you are sometimes.
あなたがこんなにも優柔不断だなんて、たまに信じられなくなるわ。

「優柔不断」のフレーズ

My boyfriend is so indecisive! He can never decide on which restaurant to go to.

私の彼氏は超優柔不断！ いつもどこのレストランに行けばいいのか決められない。

I am fed up with dating wishy-washy sorts of men.

なよなよした男とデートするのはもううんざりだわ。

Don't give me such a wishy-washy answer.

そんなにあいまいな返事をするなよ。

I just can't believe how wishy-washy you are sometimes.

あなたがこんなにも優柔不断だなんて、たまに信じられなくなるわ。

第 4 章

モノを評価する

TOPIC

最高

大げさに
ほめたいとき
の英語

　日本語を勉強し始めたころ、「この人は最高だよ」と言われ、友達を紹介されました。僕は「最高」という言葉を知らなかったため、スラングで同じ発音のpsycho（psychopath）と聞き間違えてしまったのです。

　しかし、その人はpsychopathではなくて、とてもいい人だったので、友達に「最高」の使い方を聞きました。すると、「あの人は楽しい、かっこいい」という意味だと知りました。「最高」は若い人がよく使い、大げさなことを言うときにピッタリですね。

　英語でこれと同じことを言うなら、「名前 + is + ほめる形容詞 + 名詞」というパターンをよく使います。

モノを評価する

　ほめる形容詞は、以下にリストアップします。

amazing / awesome / brilliant（イギリス英語）/ unbelievable / fantastic / best ever

Toshiko is such an amazing person!　としこは最高の人!

Hachiko is the best dog ever!　ハチ公は最高の犬だ!

　日本人は、相手の意見に大賛成のときも「最高」を使います。英語なら、looksやsoundsという動詞が役に立ちます。

　sounds +「リストアップしたほめる形容詞」の形が多いです。

That sounds awesome!　それは最高だと思う!

That dress looks amazing!　あのワンピースは最高!

スラングの最高

　通常、ruleは「支配する」を意味する動詞ですが、「最高」を意味するスラングにもなります。女王や皇帝などは国を支配するので最高に強い人です。したがって「名前 + rules」と言うと「その人は最高に強い」という意味になります。

Jessica rules!　ジェシカは最高!

「最高」のフレーズ

amazing / awesome / brilliant（イギリス英語）/ unbelievable / fantastic / best ever

Toshiko is such an amazing person!　としこは最高の人！

Toby is absolutely amazing!　トビーは最高！

Hachiko is the best dog ever!　ハチ公は最高の犬だ！

That roller coaster was absolutely brilliant. So fast!
そのジェットコースターは本当に素晴らしかった。超速かった！

She is an unbelievable swimmer!
彼女はありえないぐらい上手な泳ぎ手だ。

You really are a fantastic cook.
あなたは本当に上手な料理人だ。

That sounds awesome!　それは最高だと思う！

That plan sounds great. Let's do it!
あのプランは最高だ。やりましょう！

That dress looks amazing!　あのワンピースは最高！

Jessica rules!　ジェシカは最高！

TOPIC

キモい

吐き気がする
モノや動作を表す
4つのフレーズ

　日本にきたばかりのころ、日本人は「キモい」をよく使うなと思いました。中学校で働いていたときは、1日に30回以上耳にしていたと思います。では、「キモい」は英語でなんと言うのでしょうか？

　まず、grossという言葉を見てみましょう。

　これは女の子が男の子によく使う言葉です。たとえば、男の子が鼻をほじくったとき、まわりの女の子は"Gross!"と言います。つまり、気持ち悪い食べ物や動作に使います。

Ewww, that's gross!　ああ、キモい！

　yuckyはgrossほど強くありませんが、意味は似ています。

汚いもの、くさいものなどに使います。人にはあまり使いません。子供っぽい言葉で、grossよりかわいい印象を与えます。

Those shoes are yucky!　その靴はキモい!

creepyは人に使われています。女性は、キモい男性によくcreepyと言います。

A : Wow, did you just see that guy? He stared at me for a whole minute.
あの男、見た?　私のことを1分間もずっと見てたよ。
B : Wow, that's creepy.　いや、キモい。

最後に、disgustingという言葉を見てみましょう。この言葉は、よりフォーマルで強いニュアンスがあります。「吐きたくなるぐらいキモい」という意味になります。

God, that food was disgusting!
その食べ物は本当に気持ち悪かったね。

「キモい」のフレーズ

Ewww, that's gross!　ああ、**キモい**！

Those shoes are yucky!　その靴は**キモい**！

A : Wow, did you just see that guy? He stared at me for a whole minute.
あの男、見た？　私のことを1分間もずっと見てたよ。

B : Wow, that's creepy.　いや、**キモい**。

God, that food was disgusting!
その食べ物は**本当に気持ち悪かった**ね。

TOPIC

くさい

悪臭に関する
ユニークな
英語

　なぜか悪臭に関するユニークな英単語はたくさんあります。昔のイギリスには、さまざまな嫌なにおいが漂っていたのでしょうか。それとも外国人の顔がバタくさいからでしょうか。

　そんなことはともかく、ここでは、友達がニンニクくさいときや夫の服がカビくさいとき、顔をしかめるくらい靴下がくさかったときなどに何と言えばいいかを紹介します。よく使われている形容詞はsmellyです。

Sometimes Shinjuku can be quite smelly.
ときどき新宿ってなんだかくさいよね。

　しかし、smellyのニュアンスはそれほど強くないので、

モノを評価する

とても臭うときは、動詞のstinkやreekが適切でしょう。

Wow, you really stink! Take a shower.

やべぇ、お前本当にクセぇよ！ 風呂に入ってこいよ。

My friend always reeks of garlic.

僕の友達はいつもニンニクくさい。

　僕が大好きなブルーチーズをくさくて嫌いだと言う人はたくさんいると思います。チーズの強烈な匂いを説明したいときは、名詞pongと形容詞pongyがぴったりです。

That cheese has quite a pong.　そのチーズのにおい強烈。

　pongは靴下や脚などの悪臭も表せます。

Your shoes are really pongy.

あなたの靴とんでもなくにおうわよ。

　形容詞のwhiffyは、pongyの使い方に似ています。

Wow, you've got some whiffy socks.

うぇ、お前の靴下ハンパなくくさいな。

　鼻につく悪臭を説明したいときは、acridがいいでしょう。

Acrid smoke wafted from the kitchen.
鼻につくにおいの煙が台所から漂ってきた。

　形容詞のputridは、腐ったもののにおいによく使います。
The putrid water of the bog was disgusting.
沼の水の悪臭に嫌気がさした。

　形容詞のmustyは、古いにおいやカビくささに使います。
何年間も洋服をタンスの奥にしまっておいたら、その服は
a musty smellになります。
The furniture in our attic always has a musty smell.
屋根裏にある家具はいつもカビくさい。

「くさい」のフレーズ

Sometimes Shinjuku can be quite smelly.
ときどき新宿ってなんだかくさいよね。

Wow, you really stink! Take a shower.
やべぇ、お前本当にクセぇよ！ 風呂に入ってこいよ。

My friend always reeks of garlic.
僕の友達はいつもニンニクくさい。

That cheese has quite a pong. そのチーズのにおい強烈。

Your shoes are really pongy.
あなたの靴とんでもなくにおうわよ。

Wow, you've got some whiffy socks.
うぇ、お前の靴下ハンパなくくさいな。

Acrid smoke wafted from the kitchen.
鼻につくにおいの煙が台所から漂ってきた。

The putrid water of the bog was disgusting.
沼の水の悪臭に嫌気がさした。

The furniture in our attic always has a musty smell.
屋根裏にある家具はいつもカビくさい。

TOPIC

ダサい

退屈で
安っぽくて
クサいもの

　cheesyは一見チーズに関係がありそうですが、実際はそうではなく「安っぽい」や「質がよくない」という意味です。特に「陳腐なもの」や「偽物っぽいもの」はcheesyと言います。日常会話でよく耳にしますが、日本語で似ている単語がないので説明するのは少々難しいです。

　ネイティブは、映画や音楽、本などを説明するときに、このスラングをよく使います。たとえば、失礼な話ですがCeline Dionはよくcheesyと言われています。日本の歌手だと……それはみなさんの価値観次第ですね。

I think that the movie "twilight" is really cheesy.
「トワイライト」という映画はすごくクサいと思う。

モノを評価する

しかしcheesyは、必ずしも悪い意味になるわけではありません。

I really like cheesy, old movies. You know, like "HOME ALONe" and "GHOSTBUSTERS II".
僕はわざとらしくて古い映画がかなり好き。たとえば、「ホーム・アローン」とか「ゴーストバスターズ2」なんかだ。

ダサいのスラング

coolというスラングをしょっちゅう耳にしますが、coolの反対はuncoolで、人の性格についてよく使われています。「カリスマ性や魅力が足りない」というイメージです。

He's just so uncool!　彼の雰囲気は本当にダサいな！

lameというスラングは、「興味を起こさせない」という意味になり、面白くないジョークや話、映画、本などに使われています。

That joke is so lame!!　あの冗談はダサすぎるよ！

悲しいことに、同性愛者を意味するgayも「ダサい」の意味でよく使われています。これはもちろん差別語で、絶

対に使わないべきだと思いますが、一応知っておくといい
でしょう。

Those sneakers are so gay!　あの靴は本当にダサいな！

ダサいファッションはかっこいい

tackyは、ダサいファッションによく使います。

tackyな服を着る人とは、「おしゃれなファッションを着
ようとしたけど、うまくいかなかった」というイメージです。

Why does your brother always wear such tacky clothes?
なんでお兄さんはいつもあんなにダサい服を着るの？

しかし、ダサすぎて、逆にかっこいいと思ったことはあ
りませんか？

これは英語でkitschと言います。たとえば、誰かがわざ
とダサい服を着ていて、面白い印象を受けます。これは「ダ
サかっこいい」という日本のスラングに似ているでしょう。

Those blue sequin pants are so kitsch! Haha.
あの青いスパンコールのパンツはダサいけど、かっこよく見える
よ（笑）。

「ダサい」のフレーズ

I think that the movie Twilight is really cheesy.
トワイライトという映画はすごく**クサい**と思う。

My friend always wears a bow tie and a suit. It's really cheesy.
友達はいつだってスーツと蝶ネクタイ姿なんだよ。本当に**趣味が悪い**だろ。

I really like cheesy, old movies. You know, like "HOME ALONe" and "GHOSTBUSTERS II".
僕は**わざとらしくて**古い映画がかなり好き。たとえば、「ホーム・アローン」とか「ゴーストバスターズ２」なんかだ。

He's just so uncool! 彼の雰囲気は本当に**ダサい**な！

That joke is so lame!! あの冗談は**ダサ**すぎるよ！

Those sneakers are so gay! あの靴は本当に**ダサい**な！

Why does your brother always wear such tacky clothes?
なんでお兄さんはいつもあんなに**ダサい**服を着るの？

Those blue sequin pants are so kitsch! Haha.
あの青いスパンコールのパンツは**ダサいけど、かっこよく見える**よ（笑）。

TOPIC

胡散くさい

くさいものと
疑わしいもの
の関係

みなさんは、最近、何か胡散くさいなと感じたことはありましたか?

"Something smells fishy." は「何か魚くさい」という意味ですが、このフレーズには、もう1つの意味があります。

A : Something smells fishy to me!　何か魚くさい!
B : That's not surprising. We are in Tsukiji.
　　別に驚くことじゃないでしょ、築地にいるんだから。
A : No, I mean I think that there is something fishy about this restaurant. I think we should leave!
　　違う、このご飯屋さん何か胡散くさいってこと。ここを出た

モノを評価する

ほうがいいと思う!

この会話のように、smells fishy は「胡散くさい」という意味にもなります。特に何かが疑わしいときに、このフレーズが使えます。

また、同じような状況で、「ドブネズミのようでくさい」を意味する、"I smell a rat." というフレーズも使えます。

Something is wrong here. I smell a rat!

ここは何かがおかしい。胡散くさい!

場所の雰囲気がなんだか怪しいなと感じられたときは、どのような形容詞がいいでしょうか。

まず、shady を見てみましょう。通常、shady は「日陰が多い」という意味です。たとえば、a shady bench は「日陰が多いベンチ」です。しかし、「胡散くさい」のようなニュアンスでも使えます。

Shinjuku can be a shady kind of place at night.

夜になると、新宿は怪しげな場所にもなる。

suspicious は、胡散くさい人に使います。

Jessica's new boyfriend is a pretty suspicious-looking character.

ジェシカの新しい彼氏は、とても胡散くさい人だ。

みなさんは、"There's something off about her." や "He's a bit off." という英語を見て、どのような意味だと思いますか？

これらは、もしかすると日本人には、わかりにくいのではないでしょうか。

食べ物が腐ったとき、go off というフレーズを使います。たとえば、牛乳がgo offすると嫌なにおいがしますね。同様に、誰かの性格が悪くなったときもoffを使います。しかし、goではなくbe動詞と一緒にbe offと言います。

There's something off about her.　彼女は何か怪しいな。

He's a bit off.　彼はなんだかちょっと変だ。

いかがでしたか？

こうやってみてみると、英語ではくさいものと疑わしいものには関係があるようですね。胡散くさいという日本語の由来も気になります。

「胡散くさい」のフレーズ

A : Something smells fishy to me!　何か魚くさい!

B : That's not surprising. We are in Tsukiji.
別に驚くことじゃないでしょ、築地にいるんだから。

A : No, I mean I think that there is something fishy about this restaurant. I think we should leave!
違う、このご飯屋さん何か胡散くさいってこと。ここを出たほうがいいと思う!

Something is wrong here. I smell a rat!

ここは何かがおかしい。胡散くさい!

Shinjuku can be a shady kind of place at night.

夜になると、新宿は怪しげな場所にもなる。

That neighborhood is kind of shady.

あの界隈はちょっといかがわしい。

Jessica's new boyfriend is a pretty suspicious-looking character.

ジェシカの新しい彼氏は、とても胡散くさい人だ。

There's something off about her.　彼女は何か怪しいな。

He's a bit off.　彼はなんだかちょっと変だ。

TOPIC

つまらない

面白くない
ことを伝える
6つのフレーズ

「鮮やかな」は英語でbrightやvividで、「鮮やかな赤色」はa bright red colorと言います。「くすんだ色」にはdullを使い、a dull redは「くすんだ赤色」です。くすんだ色は刺激が少ないので、「退屈で面白くない」物事にも使えます。

I spent a very dull evening at home watching TV.
私はうちでテレビを観て、とてもつまらない夜を過ごした。

boringは、退屈でうんざりさせる物事に使います。
He's a really handsome guy, but talking to him is so boring!
彼はとてもかっこいいけど、話すのは超つまらない!

モノを評価する

若者がよく使うスラングのsuckという動詞は、「つまらない、面白くない、嫌だ」という意味を表せます。失礼に聞こえるので、気をつけて使ってください。

This party sucks. When can I get out of here?
このパーティーつまらない。いつ出られる？
Dude, this teacher sucks!　この先生はマジでつまらない。

ありふれたものは、つまらない

昔、工場は英語でfactoryよりもmillとよく呼ばれていました。イギリスは産業革命の後、紡績工場がたくさんでき、できたばっかりの織物はthe run of the millと言われました。これは、まだ何になるかわからないただの布で、ありふれたものでした。

これが変化して「普通の、ちょっとつまらない、ありふれた」という意味の形容詞となって、今も使われています。

It's just a run-of-the-mill apartment. Nothing special about it.
これはごく普通のマンションだよ。特別なポイントは何もない。

気が抜けていて、つまらないもの

life（人生）にlessがついたlifelessは「死んでいるような」という意味です。これは気の抜けた演技や演奏に、よく使われています。

The famous actor gave a lifeless performance that night.

あの夜、その有名な俳優の演技はつまらなかった。

単調なものは、つまらない

単調な話を聞くのはつまらないと思ったことがありませんか？

「単調」は英語でmonotoneです。monorailのようにmonoは「1」を意味し、toneは「調子」です。これに由来する形容詞monotonousは、「つまらない」を意味します。

I loved the theme music, but the movie itself was monotonous.

テーマの音楽が大好きだったけど、映画はつまらなかった。

「つまらない」のフレーズ

I spent a very dull evening at home watching TV.

私はうちでテレビを観て、とても**つまらない**夜を過ごした。

He's a really handsome guy, but talking to him is so boring!

彼はとてもかっこいいけど、話すのは超**つまらない**！

This party sucks. When can I get out of here?

このパーティー**つまらない**。いつ出られる？

Dude, this teacher sucks! この先生はマジで**つまらない**。

It's just a run-of-the-mill apartment. Nothing special about it.

これはごく**普通**のマンションだよ。特別なポイントは何もない。

The famous actor gave a lifeless performance that night.

あの夜、その有名な俳優の演技は**つまらなかった**。

I loved the theme music, but the movie itself was monotonous.

テーマの音楽が大好きだったけど、映画は**つまらなかった**。

TOPIC

陳腐

使い古されて
いることに使う
5つのフレーズ

　ロンドンには、たくさんの黒いタクシーがあることをご存じですか？

　このタクシーはHackney cabと呼ばれていて、17世紀にロンドンのハックニーという地域で始まったそうです（当時は馬車）。どこでも見かけるので、その後hackneyedは「月並みの」を意味する言葉となりました。

When you write English, don't use hackneyed phrases.
英語を書くときに、月並みのフレーズを使わないで。

　よく使われているセリフは、clichéです。言い古されたセリフに対してよく使います。

モノを評価する

A：Well opposites do attract!

人って、対照的な性格の人とよく合うね！

B：That is such a cliché!

それは陳腐な言葉にすぎないよ！

よく言われていることが言いたいときに、"This is a cliché, but……"というフレーズで文章を始めたりします。

I know this is a cliché, but music is my life!

陳腐なセリフだけど、私の人生は音楽だよ。

banal は「陳腐な」という意味で、陳腐な文章や表現、歌詞などに使います

A：Oasis lyrics are so banal!　オアシスの歌詞は本当に陳腐だ。

B：Hey! I love Oasis!　ちょっと！ 私はオアシスが大好きだよ。

conventional は「伝統的な」「一般的な」という意味で、conventional view（型にはまった意見）と言うほか、映画や本について話すときにもよく聞きます。

"Batman v Superman" has a very conventional plot.

「バットマンvsスーパーマン」の話は王道のプロットだね。

「陳腐」のフレーズ

When you write English, don't use hackneyed phrases.
英語を書くときに、**月並みの**フレーズを使わないで。

A：Well opposites do attract!
　人って、対照的な性格の人とよく合うね！

B：That is such a cliché!
　それは**陳腐な言葉**にすぎないよ！

I know this is a cliché, but music is my life!
陳腐なセリフだけど、私の人生は音楽だよ。

A：Oasis lyrics are so banal!
　オアシスの歌詞は本当に**陳腐**だ。

B：Hey! I love Oasis!
　ちょっと！ 私はオアシスが大好きだよ。

Batman v Superman has a very conventional plot.
「バットマン vs スーパーマン」の話は**王道のプロット**だね。

TOPIC

○○的

一気にネイティブっぽくなるwiseの使い方

　僕が日本にくる前、「○○的」という言葉が日本の若者の間でとても流行っていたようです。みなさんの中にも「○○的」が口癖だった方がいるのではないでしょうか。

　やはり今でも「的」という言葉はとても役に立ち、英語にもこのような言葉があればいいのになと思ったことのある方もいるでしょう。

　実際その英語は存在します。それはwiseです。「○○的」のようにwiseはいろいろな言葉につけることができます。

Timewise, that's just impossible!
時間的にそれは無理だよ！

Businesswise, that's just a poor decision.
営業的に、その判断はあまりよくないと思います。

It's going to be a great day weatherwise.
天気的に、今日は素晴らしい日になりそうだ。

Things are not so good moneywise.
金銭的には、あまりうまくいってないよ。

　ネイティブは-wiseをこのように使いますが、これが文法的に間違っていて、きれいな英語ではないと感じるネイティブもたくさんいます。

　日本でも、きっと年配の方などからすれば同じように思われていたことでしょう。なので、英語を勉強している方が-wiseをこのように使うと、とてもネイティブっぽく聞こえると思うので、チャンスがあったらぜひ使ってみてください。

「○○的」のフレーズ

Timewise, that's just impossible!
時間的にそれは無理だよ!

Businesswise, that's just a poor decision.
営業的に、その判断はあまりよくないと思います。

It's going to be a great day weatherwise.
天気的に、今日は素晴らしい日になりそうだ。

Things are not so good moneywise.
金銭的には、あまりうまくいってないよ。

COLUMN

料理の感想を伝える

　子供の頃、僕は親の友達の家でまずいごはんをよく食べた記憶があります。もしかしたらそのごはんは本当は美味しかったけれども、子供だったせいでまずく感じたのかもしれません。親は出かける前にいつも "Please remember to say how much you liked the food.（ごはんがとても美味しいって言うのを忘れないでね）" と言っていました。

　料理の感想を伝えるポイントは、本当に美味しいということをどう料理人に伝えるかでしょう。
　基本的には、2つのパターンがあります。「名詞 + is/are + 形容詞」と「This tastes + 形容詞」です。
　多くのネイティブはreally、soなどの副詞やより表現が豊かなamazing、great、wonderfulなどの形容詞を使います。これはdeliciousやgoodだけよりも、相手が喜ぶからです
This food is really delicious. （この食べ物は本当にうまい。）
This tastes great. （このごはんは美味しい。）
　美味しいものがあればいい香りも出るでしょう。そんなと

きは、

That smells amazing. （めちゃいい香りだ。）

　肉など塩味の食べ物が美味しいと思うときに、ネイティブはよく tasty を使います。

This chicken is so tasty. （この鶏肉はとても美味しい。）

「美味しい」に求められる表現力

　delicious や tasty よりも表現力がある英語はたくさんあります。yummy はちょっと子供っぽいですが、delicious より感情が込もっているので料理人は喜ぶでしょう。

This is so yummy! Can I have some more please?
（これは超美味しい！　おかわりできますか？）

　mouth-watering は、つばが出るほど美味しいという意味。

The roast beef had a mouth-watering smell.
（このローストビーフはよだれが出るほど美味しそうな香りがした。）

Last night we had some mouth-watering apple pie.
（昨夜、超美味しいアップルパイを食べたよ。）

　finger-licking good は自分の指を舐めたいぐらいに美味しいという意味です。食べたら、もっと食べたくなって指を舐めたくなるときに使います。

It's finger lickin' good. （指を舐めたくなるくらい美味しい。）

　これはアメリカの KFC のモットーです。g がない lickin' はスラングです。

COLUMN

ネイティブのようにほめる

　家族や恋人が何かで成功したとき、友人や同僚が何かを成し遂げたとき、相手にどんな言葉をかければいいでしょう。

　イギリスやアメリカでは人をほめるとき、驚く言葉を多く使います。たとえば、友人が何かいい理由で新聞に載ったら"Wow, that's amazing!" と言ったりします。それがさほど驚くようなことではなくても、多くのネイティブはwowやno wayのような驚きの言葉を使うでしょう。

　友達が、電話してきたとします。

Hey, guess what? Yesterday I ran a half marathon!
（ちょっと聞いてよ。昨日ハーフマラソンに出た！）

　みなさんは、こう答えることができます。

No way, that's awesome! （うそ〜それは素晴らしいね！）

Really? Are you kidding me? That's great!
（本当？　冗談でしょう？　それは最高！）

That's unbelievable. （それは信じられないぐらいいいね。）

Wow! That's brilliant. （すごい！　それは素晴らしい。）

That's incredible! （それは最高だ！）

No way! ／ Really? ／ Wow! は驚きを表し、incredible
は「ビックリするぐらいすごい」というニュアンスです。

定番のほめる文

次は、ほめる文を見てみましょう。

前記のすべての例文にもあった通り、that を形容詞の前
に置きます。この that は相手が言ったことを指しています。
そして、that の後には 's をつけます。's は is の略ですが、
that の後に is をつけると少しかしこまった感じがして不自
然なので、that's を使ったほうがいいでしょう。

ほめる文はほかにもたくさんありますが、僕が一番よく使
ったり耳にしたりするのはこちらです。

「驚きの言葉＋ that ＋ 's ＋副詞＋形容詞」

ほめるときの形容詞

次は、よく使われている形容詞を見てみましょう。

特にアメリカ人は控えめにほめると少し冷たいと感じる感
覚があるため、大げさにほめる人が多いです。

しかし、たとえば感情を込めずに "That's good." と言うと、
冷たく皮肉っぽい言葉に聞こえるので、アメリカ人が相手で
はなくても very good と言ったほうがいいでしょう。

こちらに、ほめる気持ちの大きさの順番に並べました。

great ／ cool ＜ amazing ／ fantastic ／ superb ／ brilliant

／ awesome ＜ incredible ／ perfect

great……アメリカで一番使われている。

brilliant……イギリスでよく使われている。

perfect……「完璧な」という意味ですが、本当に完璧ではなくても使う。

cool…… 若者言葉で、greatと同じようなニュアンス。

awesome…… 若者言葉で、coolより強いニュアンス。

ほめるときの副詞

　最後に、副詞を見てみましょう。

perfectly……「100%」という意味なので、副詞を重ねて使わない。

very……good／coolのみと組み合わせられる。なぜなら、greatやamazingという言葉にはすでにveryのニュアンスが含まれているから。

really／truly…… 形容詞の大半と組み合わせられる（ただし、"truly good"だけはあまり使われていない）。

absolutely……「極めて」という意味で、強い響きのある形容詞とよく使われている。great、brilliant、amazing、fantasticなどがあげられる。

fucking……みなさんもご存じの通りこれは下品な言葉。場所や相手を選んでしか使えないが、多くの形容詞と組み合わせられ、仲のいい友人と話すならとても便利。

COLUMN

自分の意見を伝える

　英語には、自分の意見を表現するときに役に立つフレーズがいくつかあります。一番よく使われているのは I think や I don't think です。

I think that you should buy that stock.

（その株を買ったほうがいい**と思うよ**。）

I think that you will win the race.

（あなたはこの競争に勝つ**と思う**。）

I don't think that is a very good idea.

（そのアイデアはどうか**と思います**。）

"I think it's not a good idea." は間違った英語です。

　さて、この I think の部分を強調したい場合、personally という副詞を用いるといいでしょう。「これは私の意見だけれど」というニュアンスを伝えられます。

Personally, I think you should quit smoking.

（**個人的に**、あんたはタバコをやめたほうがいいと思うよ。）

"in my opinion" も、これとほぼ同じ意味です。

In my opinion, David Beckham is the greatest footballer of all time.

（個人的には、デービッド・ベッカムは史上最高のサッカー選手だと思う。）

　ほかにも、from where I stand ／ from my standpoint ／ as I see it ／ if you ask me ／ in my book ／ to my way of thinking ／ in my estimation ／ for my own part があります。どれも、personally や in my opinion とほぼ同じ意味でよく使われています。

From where I stand, canceling that project makes complete sense.

（私にとって、その計画をやめるのは道理だよ。）

As I see it, John is in the wrong.

（個人的には、ジョンが間違っていると思うよ。）

In my book, that was just an act of stupidity.

（僕としては、それはバカげた行動だった。）

　as far as I'm concerned という言葉もありますが、ネガティブな文章でよく使います。「これは私の意見だよ。ほかの人の意見は気にしない」というニュアンスが含まれているからです。

As far as I'm concerned, history is really boring.

（私としては、歴史は本当につまらない。）

第 5 章

会話がはずむ英語

TOPIC

確かに

相手の気分
をよくする
7つのフレーズ

　先日、友達と飲んでいるとき、なんだか気分がいいなと思ってよくよく考えてみると、彼の口癖は「確かに」でした。
　単純で恥ずかしいですが、ここでは相手に納得と同意を伝えられる便利なこの日本語を英語にしてみたいと思います。

　まず、「確かに」で受け答えをしたい場合、definitely（その通り）／ you're right（あなたは正しい）／ that's true.（あなたは正しい）が似たようなニュアンスです。

A：I expected more from that politician.
　その政治家にはもっと期待していたのにな。
B：Yeah, definitely.　うん、確かに。

会話がはずむ英語

A：Look at her. She really slimmed down over summer vacation!
見て、あの子夏休みでめっちゃ痩せたね！
B：Wow, you're right!　うわ、確かに！

　より表現力を求めているのなら、"You can say that again!"
"I know, right?" "No doubt about it." がいいです。

A：I really want a boyfriend!　彼氏ほしいな！
B：You can say that again!　確かに！

A：That guy talks way too much.　あの人、話長すぎる。
B：I know, right?　その通り。

　また、スラングっぽい英語にしたい場合、"No doubt about
it." を略して、"No doubt" が使えます。

A：That was an amazing party!
あのパーティーは最高だった！
B：No doubt.　それな。

「確かに○○だ」

　辞書で引くと出てくる surely ／ indeed ／ undoubtedly は、

187

少し古くさい言い方です。どれも日常生活ではあまり耳にしません。

　小説の『シャーロック・ホームズ』には、indubitably という単語がよく出てきますが、これは、ビクトリア時代の英語。シャーロック・ホームズファンでなければ、現在この単語は使わないでしょう。

　「確かに」の後に文章が続くなら、definitely ／ for sure がいいでしょう。

I am really sorry. That was definitely my fault.
本当にすまない、確かに僕が悪かったよ。

For sure, it's just like you were saying.
確かにあなたの言う通りだね。

「確かに」のフレーズ

A: I expected more from that politician.
その政治家にはもっと期待していたのにな。

B: Yeah, definitely.　うん、確かに。

A: Look at her. She really slimmed down over summer vacation!
見て、あの子夏休みでめっちゃ痩せたね!

B: Wow, you're right!　うわ、確かに!

A: I really want a boyfriend!　彼氏ほしいな!
B: You can say that again!　確かに!

A: That guy talks way too much.　あの人、話長すぎる。
B: I know, right?　その通り。

A: That was an amazing party!
あのパーティーは最高だった!

B: No doubt.　それな。

I am really sorry. That was definitely my fault.
本当にすまない、確かに僕が悪かったよ。

For sure, it's just like you were saying.
確かにあなたの言う通りだね。

TOPIC

なるほど

納得したとき
に便利な
5つのフレーズ

みなさんは、人の話に納得したとき何と言いますか?

僕は「なるほど」という相づちをよく使いますが、こんなにも相手の話をきちんと聞き、内容を理解したことを表せる便利な言葉はほかにあるでしょうか。そんな便利な言葉を英語でも使いたいと思っている方はきっと大勢いると思い、ここで「なるほど」を英語でどう言うか説明したいと思います。

まず、何かわからなかったことを説明してもらい、それを理解したときに、ネイティブは、よく"Oh, I see."や"Oh, I get it."と言います。

僕は大学生のときに物理学を専攻していましたが、方程

会話がはずむ英語

式が難しすぎてわからないときは、いつも数学が得意なルームメイトに教えてもらっていました。そして、やっと理解できたときに"Oh, I get it."と言っていたと思います。

A：Standard gravity is in meters per second squared and not meters per second.
標準重力はメートル毎秒じゃなくて、メートル毎秒毎秒だよ。

B：Oh, I get it.　おぉ、なるほど。

A：Do you get it?　意味わかる？
B：Yup, I've got it.　うん、なるほどね。

また、「ずっとわからなかったことが今やっとわかった」というような場合は、"Now I get it."と言うネイティブも多くいます。

Oh, now I get it.　あぁ、なるほどねぇ～。

"That makes sense."は、"I get it."や"I see."ほどではありませんが、やはり日常生活で耳にします。makes senseの本来の意味は「道理にかなっている」や「筋が通っている」ですが、thatをつけると「なるほど」のニュアンスになり

ます。

Oh, that makes sense.　あぁ、なるほど。

　初耳のことで「なるほど」と言いたいなら、"Really? I didn't know that.（本当に？　知らなかったよ）"というフレーズもいいでしょう。

A：**Apparently, the most sung song in the world is "Happy Birthday to You".**
　世界で一番歌われている曲って、Happy Birthday to Youらしいよ。

B：**Really? I didn't know that.**　そうなの？　なるほどね。

　いかがでしたか？　なかなか覚えやすいフレーズばかりだったのではないでしょうか。

　先日友人に、「Luke ってなるほどってよく言うけど、なるほどを多用する人ほど、話を聞いてないってイメージあるよ」と言われました。なるほど、あながち違っていないかもしれないなと思ったのはここだけの話です。英語でも同じかもしれないので、使いすぎには注意してくださいね。

「なるほど」のフレーズ

A：Standard gravity is in meters per second squared and not meters per second.

標準重力はメートル毎秒じゃなくて、メートル毎秒毎秒だよ。

B：Oh, I get it.　おぉ、なるほど。

A：Do you get it?　意味わかる？

B：Yup, I've got it.　うん、なるほどね。

Oh, now I get it.　あぁ、なるほどねぇ〜。

Oh, that makes sense.　あぁ、なるほど。

A：Apparently, the most sung song in the world is "Happy Birthday to You".

世界で一番歌われている曲って、Happy Birthday to You らしいよ。

B：Really? I didn't know that.　そうなの？ なるほどね。

COLUMN

いろんな相づち

　多くの方は英語を話すとき、その場に合った相づちをきちんと使いたいでしょう。今回は英語の相づちを日本語の相づちと比べてみます。

　英語には3種類の相づちがあります。それは、「同意する相づち」「質問する相づち」「感嘆する相づち」です。

同意する相づち

Yeah! ／ OK. ／ I see. ／ Uh-huh. ／ Sure! ／ Right! ／ Absolutely!

　フォーマルな会話なら、

Yes. ／ Of course! ／ Understood. ／ Sure.

　日本人はしょっちゅう相づちを打ちますが、ネイティブはその人の性格によってよく使う人とまったく使わない人の両方に分かれます。日本人が相づちをまったく打たないネイティブに出会ったら、話をちゃんと聞いてもらえていないと感じるようです。

しかし、相づちはそれほど重要ではありません。どうしても打ちたいなら、日本語ほどの頻度では使わないほうがいいでしょう。実際、日本人の悪いクセは "Yes." と言いすぎることです。

質問する相づち

　一方、ネイティブは、ドラマチックな相づちが好きです。相手の話が面白いと、それを言いたいネイティブは多くいます。この場合、質問する相づちがぴったりです。

Seriously? / Really? / Are you serious? / Are you kidding me? / What?

　これらは感情を込めて言います。よくある話なのに、相づちをして驚くふりをするネイティブもいます。

感嘆する相づち

　相手に悪いことがあった場合は、

No way! / What the……! / Oh my God! / Oh no!

　相手にいいことがあった場合は、

Great! / Brilliant! / Thank God! / Cool! / Awesome! / Oh my God!

　"Oh my God!" は、いいことにも悪いことにも使えます。

カジュアルな会話

A：So I was at the supermarket the other day.

B：Yeah.

A：And I met that guy Aaron from high school. Do you remember him?

B：Sure, I do.

A：Well, he told me that he just got married.

B：Really?

A：Yeah, and you know what? There's already a baby on the way!

B：Oh my God!

フォーマルな会話

A：So I just wanted to talk to you about that project you are working on.

B：Sure.

A：Well unfortunately two of our partners have decided to stop funding it.

B：Seriously?

A：Yup, so it's all up in the air at the moment.

B：Oh no. I am sorry to hear that.

TOPIC

おめでとう

お祝いの
気持ちを伝える
フレーズ17

　英語で「おめでとう」と言う場合、congratulationsという単語が一番多く使われています。しかし、使い慣れていない人には少々難しいようで、多くの人はcongratulationsのsを忘れてしまいます。

Congratulations! おめでとう！

　日本語では、「ご卒業おめでとうございます」や「結婚おめでとう」のように、何がめでたいのかを前につけて言うことが多いですが、英語では順番が逆になります。

Congratulations on graduating! 卒業おめでとう！

　この英文を見てわかるように、congratulationsの後には前置詞のonと動詞の-ingがつきます。

フォーマルな英語にしたい場合、I want to congratulate you on -ing というパターンがいいでしょう。

I want to congratulate you on becoming our new manager.
課長へのご昇進おめでとうございます。

あえてインフォーマルにしたい場合は、congratulations の短縮語congratsがいいでしょう。これはよくTwitterで見かけます。

Congrats on getting a girlfriend!
彼女ができてよかったね!

「おめでとう」の気持ちをもっと伝えよう!

初めて聞いたときは、congratulationsの前に、awesome／brilliant／great／wonderfulなどの感嘆詞が入った言葉を使う場合が多くあります。

That's great news!　それは素晴らしい知らせだ!

しかし、これだけでは気持ちを伝えきれていないと感じたら、for youをつけたフレーズを加えることもよくあります。

I am really pleased for you!　本当に嬉しいよ!

おめでとうの後に会話を続けるなら、質問がいいでしょう。

So when did you find out?　いつわかったの?

会話がはずむ英語

What are you going to do to celebrate?　お祝いに何するの？

Are you excited?　ワクワクしてる？

　日本語では、誕生日や記念日、新年などは「おめでとう」と言いますが、英語ではその場合congratulationsではなくhappyを使います。

Happy New Year.　新年おめでとう。

　congratulationsは、就職や結婚、合格など、その人の努力や意志で達成したことに使います。happyを使う記念日や誕生日、新年などは、時間が経てば自然に訪れますね。

　最後に、congratulationsを使った会話を見てみましょう。

A：I just heard that I got a new job!
　今、採用の知らせがきたぜ！

B：Really? Congratulations!　マジで？　おめでとう！

A：Thanks!　サンキュー！

B：I'm so happy for you.　お前が就職できて嬉しいよ。

A：Yeah, it's finally happened after searching for 6 months.
　あぁ、6ヶ月探してやっとできたからな。

B：We have to celebrate.　お祝いしようぜ。

「おめでとう」のフレーズ

Congratulations! おめでとう!

Congratulations on graduat**ing**! 卒業おめでとう!

Congratulations on gett**ing** a new job. 転職おめでとう。

Congratulations on hav**ing** a baby. 出産おめでとう。

Congratulations on gett**ing** married. 結婚おめでとう。

I want to congratulate you on becom**ing** our new manager.
課長へのご昇進おめでとうございます。

Congrats on gett**ing** a girlfriend!
彼女ができてよかったね!

That's great **news!** それは素晴らしい知らせだ!

I am really pleased for you! 本当に嬉しいよ!

I am so happy for you! (同上)

So when did you find out? いつわかったの?

What are you going to do to celebrate?
お祝いに何するの?

Are you excited? ワクワクしてる?

Happy New Year. 新年おめでとう。

Happy birthday!　お誕生日おめでとう！

Happy anniversary!　記念日おめでとう！

A：I just heard that I got a new job!

　　今、採用の知らせがきたぜ！

B：Really? **Congratulations**!　マジで？　おめでとう！

A：Thanks!　サンキュー！

B：I'm so happy for you.　お前が就職できて嬉しいよ。

A：Yeah, it's finally happened after searching for 6 months.

　　あぁ、6ヶ月探してやっとできたからな。

B：We have to celebrate.　お祝いしようぜ。

TOPIC

お疲れ様

「さようなら」
から
「よくやった」
まで英語にする

　日本では、職場や学校など毎日さまざまな場面で「お疲れ様」という言葉が使われていますね。とても便利な言葉なので、英語でも使いたい方は大勢いるのではないでしょうか。

　しかし、みなさんもご存じの通り「お疲れ様」にはいろいろなニュアンスがあるので、しっくりくる英語は1つではありません。まず、どのような場面で英語の「お疲れ様」を言いたいのか考える必要があります。

「こんにちは」のお疲れ様

　たとえば、職場のエレベーターで同僚と乗り合わせたとき、部室で先輩と会ったとき、待ち合わせていた友人と会

ったときなど、「あ、お疲れ様です」や「おつかれー」のように言う場合があると思います。

これは単なる挨拶なので、"Hello." や "Good morning." "Hi." "How's it going?" などが適切です。

hiのあとに相手の名前をつけた "Hi Anne." や "Hey Derek." のような挨拶は、とても一般的です。日本と違って、社内も社外も挨拶は大体同じで、日本ほど同僚、先輩、友達の区別がされていません。

「さようなら」のお疲れ様

仕事が終わって、オフィスを出るときなども、「お疲れ様です」と言いますね。それと同じ状況で一番使われている英語は、"See you tomorrow." です。

金曜日だと、"Have a great weekend.（楽しい週末を）" もよく耳にします。これらは学生の場合でも同じです。

そして、遅い時間まで残業をして帰るなら、まだ残っている人にかける言葉は、"Goodnight." が適切です。

感謝、ねぎらいの「お疲れ様」

仕事で同僚が力になってくれたとき、何か助けてくれた

ときは、どのように伝えればいいのでしょうか。

Wow, thanks a lot. That was a really big help!
どうもありがとう。本当にお疲れ様でした。助かったよ。

　日本語と同じく、目上の人には使わない言葉もあります。

Thanks a lot for all the hard work you've put in.
頑張って仕事を終わらせてくれてありがとう、本当にお疲れ様。

　これは仕事を頼んだ相手に言うフレーズなので、絶対に目上の人には使いません。

相手をほめる「お疲れ様」

　僕が英語圏の人とサッカーの試合をして、ゲームが終わってみんなに「お疲れ様、よくやったね」などと声をかけたい場合、英語でなんて言えばいいのでしょうか。

　一番よく耳にするのは、"Good game."です。

　試合中にチームメイトがゴールをしたら、"Nice one."や"Nice shot."と言います。これはサッカーだけでなく、ゴルフやビリヤードでも使えます。

　仕事の場合、同僚のプレゼンが上手くいったり、契約を取ってきたりなど、何かが上手くいったときは、よく"Good work."や"Nice job."と言ってほめます。

「お疲れ様」のフレーズ

Hello.　こんにちは。

Good morning.　おはようございます。

Hi.　やぁ。

How's it going?　元気ですか？

See you tomorrow.　また明日。

Have a great weekend.　楽しい週末をお過ごしください。

Goodnight.　おやすみなさい。

Wow, thanks a lot. That was a really big help!
どうもありがとう。本当にお疲れ様でした。助かったよ。

Thanks a lot for all the hard work you've put in.
頑張って仕事を終わらせてくれてありがとう、本当にお疲れ様。

Good game.　お疲れ様、よくやったね。

Nice one. / Nice shot.　ナイスシュート。

You did a great job.　素晴らしい仕事をしましたね。

Well done.　よくできました。

Great work! / Good work!　いい仕事したね。

Great job! / Nice job!　よくできたね。

TOPIC

頑張る

「あきらめないで」
から
「最善を尽くす」
まで英語にする

　日本にいると、24時間どこかで「頑張る」や「頑張って」が使われていると思うくらい日々この言葉を耳にします。
　今日は、そんな「頑張る」や「頑張って」を英語で言うにはどうすればいいのかを説明したいと思います。
　「頑張る」を英語に直訳すると、"Try your best." や "Try your hardest." になります。このフレーズは先生や親が子供に言いますが、大人同士や子供同士ではほとんど使いません。

Try your best at school today, James.
今日、学校頑張ってね、ジェームズ。

　大人同士や子供同士で "Try your best." を使うと、少し上から目線でうざったい感じがします。同じ状況なら

会話がはずむ英語

"Good luck.（幸運を祈る）" をよく使います。その後にon
やwithをつけることが多いです。

Good luck on your test.　試験頑張ってね。

Good luck with the next game.　次の試合頑張ってね。

自分が頑張る

「自分が何かを頑張る」と言いたい場合は、"I will try my
best." や "I will try my hardest." を使います。

I'm going to try my hardest to get a scholarship to
Harvard.

私はハーバードの奨学金をもらえるよう精一杯頑張ります。

　初めてのことに挑戦するときの「頑張る」や「頑張って」
は、give it go、try it out、give it a shotで言います。

Maybe you could work at a foreign company. You should
give it a shot.

君なら外資系の会社で働けるかもしれないよ。頑張ってみて。

最後まで頑張る

「頑張る」には、「最後までやりきる」というニュアンスも
ありますよね。その場合、"Hang in there." "Keep going.（続

けて）"Don't give up.（あきらめないで）"というフレーズがいいでしょう。

"Hang in there." は、あきらめそうになった人を励ますのに使うケースが多いです。これは、"You can do it." に近いものがあります。

Come on. I know you can do this. Just hang in there!
君はこれが絶対にできるよ。あとちょっと頑張って！

Keep going! You're almost there!　頑張れ！　あと少しだ！

Don't give up now. Don't let it all go to waste.
今を頑張って。今までの努力を無駄にしないで。

スポーツで応援するときの「頑張れ」

スポーツの試合などでも「頑張れ！」と応援している人が多くいますね。英語圏では、スポーツで全力を尽くすのは当然という考え方があるため、"Try your best." や "Try your hardest." は使いません。

同じ状況なら、"Come on." "You can do it." "Go for it." "Pump it up." というフレーズが使われています。

Come on, guys!　みんな、頑張って！

You can do it!　頑張れ！

会話がはずむ英語

I knew I had to go for it.
僕はともかく**やってみる**しかないとわかった。

"Pump it up."は、通常は「空気を入れる」という意味ですが、スラングでは、「より気合いを入れる」という意味で日常的に使われています。

ヨーガのクラスでも、pump it upはよく耳にします。

Let's go guys! You can do it. Let's pump it up.
いきましょう！　頑張ればできます。**もっと頑張りましょう。**

もっと頑張る、これからも頑張る

テストでいい点を取れなかったときや納得のいく結果が出せなかったときに使う「次はもっと頑張る」は、"Try …… next time."の形で言います。

I'm going to try even harder next time.　次はもっと頑張る。

継続していることを「これからも頑張る」と言う場合は、動詞のkeepを使います。

I'm going to keep at it.　これからも頑張る。

スポーツ選手のインタビューなどでよく聞く「頑張ります」は、give it everything I've got（最善を尽くす）がいいです。

I'm going to give it everything I've got.　全力で頑張ります。

「頑張る」のフレーズ

Try your best at school today, James.
今日、学校**頑張ってね**、ジェームズ。

Good luck on your test.　試験**頑張ってね**。

Good luck with the next game.　次の試合**頑張ってね**。

I'm going to try my hardest to get a scholarship to Harvard.
私はハーバードの奨学金を貰えるよう**精一杯頑張ります**。

Maybe you could work at a foreign company. You should **give it a shot**.
君なら外資系の会社で働けるかもしれないよ。**頑張ってみて**。

Come on. I know you can do this. Just **hang in there**!
君はこれが絶対にできるよ。あとちょっと**頑張って**！

Keep going! You're almost there!　**頑張れ**！ あと少しだ！

Don't give up now. Don't let it all go to waste.
今を**頑張って**。今までの努力を無駄にしないで。

Come on, guys!　みんな、**頑張って**！

You can do it!　**頑張れ**！

I knew I had to **go for it**.
僕はともかく**やってみる**しかないとわかった。

Let's go guys! You can do it. Let's pump it up.

いきましょう！ 頑張ればできます。もっと頑張りましょう。

I'm going to try even harder next time. 次はもっと頑張る。

I've cocked this dish up again. I'll try to make a better one next time. (cocked up はくだけた表現)

また、この料理失敗しちゃった。次は頑張らなきゃ。

I'm going to keep at it. これからも頑張る。

I'm going to keep studying English. 英語の勉強頑張るよ。

Keep up the good work. その調子頑張ってね。

I'm going to give it everything I've got.

全力で頑張ります。

TOPIC

無理しないで

つらそうな人に
かけてあげたい
10のフレーズ

みなさんは、誰かに「無理しないでね」と言われたことや言ったことはありますか？

この言葉は、職場や学校、家庭などさまざまな場面で使われていますが、英語には全く同じ意味の言葉がありません。まずは、言葉の意味から考える必要がありそうです。

「ストレスを溜めないでね」という意味があるなら、"Take it easy.（気楽にね）"がいいでしょう。

You don't have to worry so much. Take it easy!
そんなに悩まなくて大丈夫。無理しないで！

ネイティブは、よくアドバイスをするときにyou shouldを使うので、たとえば、仕事のストレスで血圧が高すぎる

患者がいたら、医者はこう言うでしょう。

You should try to take things easier for a couple weeks.
数週間、無理はしないようにしてくださいね。

　連日、遅くまで残業をしている同僚に「無理しないでね」
と言いたいなら、こちらがいいでしょう。

Don't overdo it.　あんまり無理すんなよ（やりすぎないで）。

　勉強をしすぎて目の下にクマができている友人がいたら、

You've got bags under your eyes. Did you study all night
long? Don't wear yourself out studying.
クマできてるね。徹夜したの?　勉強しすぎないでね。

　wear yourself out は、「疲れ果てる」という意味です。

　体調を崩している人に、「お大事にね」の意味を込めて
言うなら、take care がいいでしょう。

Please take care of yourself. Maybe you should take the
day off tomorrow.
無理しないで。明日は休んだら?

　ストレスを溜め込んでいる人や緊張している人に「無理
しないでね、リラックスして」と言いたい場合は、

Don't stress yourself out. ストレス溜めすぎないでね。

　英語圏の人は仕事でストレスを溜めすぎないよう気をつけているので、このフレーズはよく耳にします。

「無理してやらないで」のようなニュアンスを表す場合、don't worry about、don't feel obligated to、you don't need to、you don't have to という英語をよく使います。

If you're not feeling well, please don't worry about refusing our invitation tomorrow.
体調悪かったら無理しないで明日の約束断ってね。

If you're feeling full, don't feel obligated to eat everything.
お腹いっぱいなら無理して全部食べなくていいですよ。

You don't need to try so hard to make me like you. I already do.
僕に好かれようと無理しないで。君のこともう好きだから。

If you are too busy, you don't have to make time for me.
忙しいなら無理して時間を作ってくれなくてもいいよ。

「無理しないで」のフレーズ

You don't have to worry so much. Take it easy!

そんなに悩まなくて大丈夫。無理しないで!

You should try to take things easier for a couple weeks.

数週間、無理はしないようにしてくださいね。

Don't overdo it. あんまり無理すんなよ。

You've got bags under your eyes. Did you study all night long? Don't wear yourself out studying.

クマできてるね。徹夜したの? 勉強しすぎないでね。

Please take care of yourself. Maybe you should take the day off tomorrow. 無理しないで。明日は休んだら?

Don't stress yourself out. ストレス溜めすぎないでね。

If you're not feeling well, please don't worry about refusing our invitation tomorrow.

体調悪かったら無理しないで明日の約束断ってね。

If you're feeling full, don't feel obligated to eat everything.

お腹いっぱいなら無理して全部食べなくていいですよ。

You don't need to try so hard to make me like you. I already do.

僕に好かれようと無理しないで。君のこともう好きだから。

If you are too busy, you don't have to make time for me.

忙しいなら無理して時間を作ってくれなくてもいいよ。

TOPIC

どんな感じ？

how と
what を
使いわけよう

「どんな感じ？」という尋ね方は、とても便利なフレーズです。英語にするなら、僕は2つの言葉が思いつきます。それは、what's like と how's です。

what's like は、尋ねるものによって使い方が変わってきます。まず、尋ねているものが名詞の場合は「What is + 名詞 + like?」を使います。

What's she like? 彼女ってどんな感じ？

What's the drink like? その飲み物、どんな感じ？

対象が動詞の場合は「What is + it + like + to動詞?」を使います。

会話がはずむ英語

What's it like to work in a hospital?
病院で働くってどんな感じ？
What's it like to become famous?
有名になるってどんな感じ？
What's it like to live in London?
ロンドンに住むってどんな感じ？

　how'sとほぼ同じ意味ですが、what'sのほうがモノの描写や印象が知りたいことを強調し、よりくだけた印象があります。

　対してhow'sは、「いいのか、どうか」「好きなのか、どうか」が知りたいことを強調しています。

　how'sの対象が名詞の場合は、「How is + 名詞?」を使います。

How is she?　彼女ってどんな感じ？

　対象が動詞の場合は、「How is + it + 動詞-ing?」を使います

How is it working in a hospital?
病院で働くってどんな感じ？

217

「どんな感じ？」のフレーズ

What's she like? 彼女ってどんな感じ？

What's this drink like? この飲み物ってどんな感じ？

What's it like to work in a hospital?
病院で働くってどんな感じ？

What's it like to become famous?
有名になるってどんな感じ？

What's it like to live in London?
ロンドンに住むってどんな感じ？

How is she? 彼女ってどんな感じ？

How's the drink? その飲み物、どんな感じ？

How is it working in a hospital?
病院で働くってどんな感じ？

How is it living in London?
ロンドンに住むってどんな感じ？

TOPIC

久しぶり

"Long time,
no see." は
中国の英語

　日本人は「久しぶり」という挨拶をよく使うので、英語でも言いたい方は多くいるのではないでしょうか。

　多くの方は "Long time, no see." というフレーズを中学校で教わるかと思いますが、実際のネイティブはそれほど使いません。たまに使いますが、これは少し気取った言い方なので、仲のいい友達に使う人は少ないでしょう。

　もともとは中国語の「好久不見」を直訳したピジン英語。実は文法的にめちゃくちゃです。口に出すと、ユーモラスな印象を与えてしまう恐れがあります。

　僕の気のせいかもしれませんが、長い間日本に住んでいるネイティブは、わりと "Long time, no see." を使ってい

るように思います。日本人によく言われているからでしょうか。

自然な「久しぶり」を伝える3つのフレーズ

　自然な英語を使いたいなら、"It's been a long time." "It's been a while." "It's been ages." などのフレーズがいいでしょう。これらは、後ろについていたsince we last met（この前お会いしてから）が略されています。

　3つのなかでも "It's been ages." が最も表現力が高いでしょう。ageは文字通り「時代」という意味だからです。

Hey Bryan. Wow, it's been such a long time.
あぁ、ブライアン。わぁ、本当に久しぶりだね。

Hey Susan. It's been ages, hasn't it?
やぁスーザン。かなり久々だよなぁ？

再会した喜びを伝える

　ネイティブはよく、会えた喜びを相手に伝えるので、フレーズはいくつかあります。

It's good to see you again.　また会えて嬉しいよ。

It's great seeing you.　君に会えたなんて最高だよ。

「久しぶり」のフレーズ

Hey Bryan. Wow, it's been such a long time.
あぁ、ブライアン。わぁ、本当に久しぶりだね。

It's been quite a while. How are you doing?
久しぶりじゃん。最近どう?

Hey Susan. It's been ages, hasn't it?
やぁスーザン。かなり久々だよなぁ?

It's good to see you again. また会えて嬉しいよ。

It's great seeing you. 君に会えたなんて最高だよ。

I'm so happy that I got to see you again.
また会えて本当に幸せ。

I can't believe that I got to see you again so soon.
こんなに早くもう一度会えたなんて信じられないよ。

COLUMN

「いただきます」

　先日、昼食を食べながら、ふとあることを思い出しました。

　僕は日本にきてすぐ新潟県の中学校で教師をしていました。そんななか初めての給食の時間がきました。それは、イギリスの学校の給食とは違い、見た目からしてきれいで、とても美味しそうな匂いがしました。

　いつ食べ始めるんだろうと待っていると、担任が何かひとこと言いました。すると、生徒たちも手を合わせて頭を下げ、同じ言葉を言ったのです。

　僕は「えぇ、お祈りしてる！　日本人ってこんなに信仰深いんだ!」と驚きました。でも今では、それが食べ物とそこに携わる人への感謝を表す言葉だと知り、とても素晴らしい日本文化だと思っています。

　もし英語で食事の前に「いただきます」のようなことを言いたい場合、何と言えばいいでしょうか。英語にはこのような決まった挨拶はないので、みなさんが普段どのような意味でこの言葉を言っているのか、考えてみたいと思います。

英語圏では、神に感謝はしますが、「食材すべての命に対する感謝」という概念はありません。

キリスト教、ユダヤ教、イスラム教などの人たちは、食事を食べる前に短いお祈りをします。キリスト教の場合、それを saying grace と言い、以下をよく耳にします。

For what we are about to receive, may the Lord make us truly thankful. Amen.

（神様、私たちがこれからいただくごはんに対して私達に感謝の心を持たせてください、アーメン。）

もちろん、無宗教の家庭や祈らない家庭もたくさんあります。そんな場合、素直に作ってくれた人への感謝の気持ちを伝えるといいでしょう。

Thanks for making dinner.

（料理を作ってくれてどうもありがとう。）

Thank you. This looks amazing ／ delicious.

（ありがとう、とっても美味しそう。）

そして、食べ始めるかけ声なら、

Okay, let's eat ／ start. （さぁ、食べましょう。）

などと言うのもいいでしょう。

やはり、食前も食後も決まった挨拶はないので、素直に感謝の気持ちや感想を述べるのが一番いいと思います。

COLUMN

「ごちそうさまでした」

　はたして、日本で生まれ育った人の中に「ごちそうさま」を言ったことがない人はいるのでしょうか。そう考えてしまうほど、僕は日々「ごちそうさま」や「ごちそうさまでした」という挨拶を耳にします。

　この「ごちそうさま」を英語で言いたい場合、どのように表現すればいいのでしょうか。

「いただきます」と同様に、英語にはこのような決まり文句がないので、みなさんがどのような意味で普段言っているのか考えたいと思います。

　作ってくれた人への感謝を表す「ごちそうさま」なら、感謝を表す英語や出してくれた料理をほめるのがいいでしょう。

That was really delicious. （本当に美味しかった。）

Wow, that was great. （ふぅ、本当に美味しかった。）

Thank you so much for the lovely dinner.

（素晴らしいディナーをどうもありがとう。）

日本では、よく食事やお酒などを年上や立場が上の人がおごりますが、英語圏でそのようなことはほとんどありません。なので、目上の人におごってもらっても、友人におごってもらっても、使う英語は変わりません。

Thanks a lot for the drink. I'll buy the next round.

（**お酒ごちそうさま**。次は僕が払うからね。）

「おごる」を意味する動詞treatを使ってもいいでしょう。

Thanks very much for treating us. Next time it's on me.

（**私たちにランチをごちそうしてくれて本当にありがとう**。次は私がおごるね！）

　最後の it's on me は「私がおごる」という意味になります。

COLUMN

「ただいま」と「おかえり」

　日本人は英語の勉強をスタートするときに、「"ただいま"や"おかえり"は英語でなんと言いますか?」とよく聞いてきます。その質問を聞くと、僕は昔のアメリカのコメディを思い出します。

　"I Love Lucy"（アイ・ラブ・ルーシー）という番組では、旦那のリッキー・リカードは家に帰ると、いつも "Lucy, I'm home!" と言います。

　また、"The Flintstones"（原始家族フリントストーン）というアニメでは、主人公のフレッド・フリントストーンが、いつも "Wilma, I'm home!" と叫びます。

　しかし、アメリカやイギリスでは「ただいま」や「おかえり」のような決まったフレーズがありません。

　「おかえり」を辞書で調べると、"Welcome home." や "Welcome back." をよく見かけますが、実際これらを使うネイティブは少ないでしょう。

　これらは、家族の誰かが長旅から帰ってきたときに使いま

す。たとえば、お母さんが出張から帰ったときなどに
"Welcome home, Mom." と言えます。

「ただいま」を辞書で調べると、"I'm back." や "I'm home."
がよく出てきます。これらを毎日使う人は多くいるでしょう。
　僕が学校から帰ってきたとき、親とこんな会話をしました。
Luke：Hi Dad. I'm back. （お父さん、帰ったよ。）
Dad：Hi Luke. How was school? （ルーク、学校はどうだった?）
　やはり、「おかえり」を自然な英語にすると、簡単な挨拶
と「元気ですか?」を意味する英語が適切でしょう。

　お母さんと一緒に歯医者に行って、帰ったときは、こんな
会話がありました。
Mom：Hi dear. We're back from the dentist.

　　　（あなた、歯医者から帰ったわよ。）
Dad：How was it? No cavities I hope.

　　　（どうだった?　虫歯はなかったかな。）

第 6 章

知って損はない
便利な英語

TOPIC

了解

身近な
フレーズで
返事をしよう

「了解」は、日常でよく耳にする便利なフレーズですね。僕もさまざまな場面で使っていますが、目上の人や取引先などに「了解しました」と言うのは失礼に当たることを最近知りました。

英語圏では、目上・目下という考え方がありませんが、「了解」を英語で言うなら気をつけなければないことがあります。
辞書で「了解」を調べると、よく understood、noted、will do というフレーズが出てきます。
確かにこれらは「了解」という意味ですが、実際は軍隊がよく使うフレーズです。みなさんが使うと相手に変な印象

知って損はない便利な英語

を与えてしまうでしょう。

　次に、roger と copy that も辞書に載っていましたが、これらは空軍が無線などで言いそうなフレーズです。

A：Please land on aircraft carrier number 3.
　　3号の空母に着陸せよ。
B：Roger.　了解。

A：Private Peterson!　一等兵のピーターソン!
B：Sir!　はい!

A：Mop the floor!　モップがけをしなさい!
B：Understood!　了解です!

　日常生活で「了解」と言いたいなら、どのような英語を使うといいのでしょうか。じつは、みなさんも耳にしたことがある "Okay." "All right." "Sure." が適切です。

A：We're having spaghetti for dinner.　夕飯はスパゲッティよ。
B：Okay.　わかった。

A：Let's meet in Shibuya at 6.　6時に渋谷ね。

B：All right.　了解。

A：Do you mind picking up some milk on the way home?

　帰りに牛乳買ってきてくれる?

B：Sure.　了解。

職場などの「了解」

　見てわかるように、これらはかしこまった場面ではありませんね。

　職場などで丁寧な英語を使いたい場合は、「問題ない」を意味する "No problem." や "Of course." "Of course I can." "I would be happy to." がいいでしょう。

A：Please send me a copy of the report.

　報告書のコピーを送ってください。

B：Sure. That won't be a problem.　はい、承知しました。

A：Can you take this dish to table 1?

　この料理を1番テーブルに運んで。

B：Of course.　承知しました。

知って損はない便利な英語

A：Can you put next week's presentation materials on my desk?
来週のプレゼン資料を僕の机に置いておいてくれる？

B：Of course I can.　承知しました。

A：Can you give this to the general affairs department?
これを総務部に届けてくれる？

B：I would be happy to.　承知しました。

「了解」のフレーズ

A : We're having spaghetti for dinner.　夕飯はスパゲッティよ。
B : Okay.　わかった。

A : Let's meet in Shibuya at 6.　6時に渋谷ね。
B : All right.　了解。

A : Do you mind picking up some milk on the way home?
帰りに牛乳買ってきてくれる？
B : Sure.　了解。

A : Please send me a copy of the report.
報告書のコピーを送ってください。
B : Sure. That won't be a problem.　はい、承知しました。

A : Can you take this dish to table 1?
この料理を1番テーブルに運んで。
B : Of course.　承知しました。

A : Can you put next week's presentation materials on my desk?
来週のプレゼン資料を僕の机に置いておいてくれる？
B : Of course I can.　承知しました。

A : Can you give this to the general affairs department?
これを総務部に届けてくれる？
B : I would be happy to.　承知しました。

TOPIC

なんとか

面倒くさがり屋に便利な13のフレーズ

　英語でなんと言うのか忘れたときやその言葉に自信がないとき、なんと言えばいいでしょうか？

　日本語では、「なんとか」がよく使われていますが、英語では、対象によって適切な言葉が変わってきます。

That stuff in the soup was really good.
スープに入っていたやつがとても美味しかった！

　これを見ると、話している人がスープの材料の名前を本当に知っているかどうかまでは判断できません。もしかしたら材料を詳しく説明するのが面倒くさいからstuffと言ったのかもしれません。面倒くさがり屋は、よくstuffを使います。

名前がわからないことも伝えるなら、"That stuff in the soup, whatever it was, was really good." がいいでしょう。

人や場所の名前を忘れてしまったとき

完全に人の名前を忘れてしまった場合、次の2つの言い回しが適切です。what's her/his name、who's he/she called。

That person, what's her name, is really nice.
あのなんとかっていう人はとても優しいね。

名前を知らないことを強調したいときは、"That person, whoever she is, is really nice." と言うのがいいでしょう。

名前の半分だけが思い出されたときは、以下の言い回しが役に立ちます。たとえば名字だけを覚えていた場合は、「今日は、ウォーカーなんとかさんという人に会った。」

I met that …… Walker guy ／ fellow today.（男性の場合）
I met that …… Walker woman today.（女性の場合）

ファースト・ネームだけを思い出したときは、

I met Pete, …… something (or other), today.
今日は、なんとかピートさんに会った。

上記の例文はちょっと失礼なのでもっと丁寧に言うなら、"Today I met Mr. ／ Ms. …… Walker, whose full name I can't

知って損はない便利な英語

remember." です。でも、これは長いですね！

　場所の名前を忘れたときは、whatever it's called と wherever it is が役に立ちます。

I said I was going to meet John at that place, whatever it's called.
私がジョンと会うって言った場所、どこだっけ。

　よくわからないことについて話すときは、以下の表現があります。

I think that John said he'd go to LA or something.
ジョンは、ロスに行くとかなんとか言っていた気がする。

A : Wow, this writing is really messy. I can't make it out.
　　ああ、この字が汚いな。よく読めないな。
B : OK, er, S H something something P. Oh, wait, I've got it! Sheep.
　　えっと、ＳＨなになにＰ、ああ、ほら、わかった。sheep だ。

「なんとか」のフレーズ

That stuff in the soup was really good.
スープに入っていた**やつ**がとても美味しかった。

That stuff in the soup, whatever it was, was really good.
スープに入っていた**なんとかっていうやつ**がとても美味しかった！

That person, what's her name, is really nice.
That person, who's she called, is really nice.
That person, whoever she is, is really nice.
あのなんとかっていう人はとても優しいね。

I met that …… Walker guy / fellow today.（男性の場合）
I met that …… Walker woman today.（女性の場合）
今日は、**ウォーカーなんとかさんという人**に会った。

I met Pete, …… something (or other), today.
今日は、**なんとかピートさん**に会った。

Today I met Mr. / Ms. …… Walker, whose full name I can't remember.
今日は、**ウォーカーなんとかさんという人**に会った。

I said I was going to meet John at that place, whatever it's called.
私がジョンに会うって言った**場所、なんて言うんだっけ**。

I said I was going to meet John at that place, wherever it is.
私がジョンと会うって言った**場所、どこだっけ**。

I think that John said he'd go to LA or something.

ジョンは、ロスに行く**とかなんとか**言っていた気がする。

A : Wow, this writing is really messy. I can't make it out.

ああ、この字が汚いな。よく読めないな。

B : OK, er, S H something something P. Oh, wait, I've got it! Sheep.

えっと、ＳＨ**なになに**P、ああ、ほら、わかった。sheep だ。

TOPIC

○○っぽい

知っていると
便利な
-ishの使い方

みなさんは、普段「っぽい」という言葉を使いますか？「子供っぽい」「猫っぽい」「熱っぽい」など、「っぽい」という言葉をよく耳にする気がします。この便利な言葉を英語にもするなら、-ishをおすすめします。

childish (child + -ish) 子供っぽい

feverish (fever + -ish) 熱っぽい

foolish (fool + -ish) バカっぽい

selfish (self + -ish) 自分勝手

これは通常の-ishの使い方ですが、スラングになる-ishもあります。「色、時間、固有名詞、返事」の4つがそれです。

知って損はない便利な英語

1、色につける -ish のスラング

green + -ish = greenish　緑っぽい

　ちゃんとした緑ではないけれど緑に近い色ということですね。たとえば僕の目は、緑のまわりに黄色が混ざったような色なので、

A：What color eyes do you have?　あなたの目は何色？

B：My eyes are green.　緑です。ではなく、

B：My eyes are kind of a greenish color.　緑っぽい色です。
と答えます。

My friend drives a reddish car.

友達は赤っぽい車を運転している。

The sunset is a beautiful purplish color.

夕焼けが紫っぽいきれいな色だ。

It's a bluish, grayish kind of color.

それは青のような灰色のような色。

2、時間につける -ish のスラング

　時間について話すときも、-ishをよく使います。

I'll see you around six-ish.　6時ぐらいに会おうね。

241

Everyone, we're going to leave at one-ish tomorrow.

みんな、明日は13時ごろに出かけるからね。

3、固有名詞につける -ish のスラング

That's a very Lisa-ish answer.

その答えはすごく リサみたい だね。

This music is kind of Beatles-ish, isn't it?

この音楽 ビートルズっぽく ない？

4、あいまいな返事の Yes-ish

　最後にもう1つ、面白い使い方を紹介します。これは若者を中心によく使われている、Yes に -ish をつけた Yes-ish という言葉です。

A：Have you done your homework？　宿題できた？

B：Yes-ish.　できたかな。

　たった3文字の英語をつけるだけでいいので、みなさんもぜひ使ってみてくださいね。

「○○っぽい」のフレーズ

childish 子供っぽい

feverish 熱っぽい

foolish バカっぽい

selfish 自分勝手

greenish 緑っぽい

A：What color eyes do you have? あなたの目は何色？
B：My eyes are kind of a greenish color. 緑っぽい色です。

My friend drives a reddish car.
友達は赤っぽい車を運転している。

The sunset is a beautiful purplish color.
夕焼けが紫っぽいきれいな色だ。

It's a bluish, grayish kind of color.
それは青のような灰色のような色。

I'll see you around six-ish. 6時ぐらいに会おうね。

Everyone, we're going to leave at one-ish tomorrow.
みんな、明日は13時ごろに出かけるからね。

That's a very Lisa-ish answer.
その答えはすごくリサみたいだね。

This music is kind of Beatles-ish, isn't it?

この音楽ビートルズっぽくない？

A：Have you done your homework?　宿題できた？

B：Yes-ish.　できたかな。

TOPIC

なんとなく

理由がないとき
に便利な
10のフレーズ

　僕は日本に住んで何年も経ちますが、日本人がよく使っている言葉だけど、なんとなくしかニュアンスをつかめていないものは、まだまだたくさんあります。
「なつかしい」や「甘える」のように英語で言おうとすると意外と複雑なもので、「なんとなく」という日本語をピックアップしてみたいと思います。

理由がわからないときの「なんとなく」

　まず、justを使った「なんとなく」を紹介します。

A : Things are going well with your boyfriend, aren't they?
　　最近、彼氏とうまくいってるんじゃない？

B：How did you know?　なんでわかるの？

A：You just seem a lot happier.

なんとなく前より元気な感じがするんだもん。

　　副詞vaguely（漠然と）は、感情についてよく使います。

I am vaguely aware that something is missing.

なんとなく何かが足りない感じがする。

　　副詞somehow（どういうわけか）も、近いでしょう。

Somehow I don't like him.

なんとなく彼のことは好きになれない。

　　次に、相手の質問に「なんとなく」とだけ答えるなら、「理由は特にない」を意味するjust becauseがぴったりです。

A：Hey, let's have some champagne today.

ねぇ、今日シャンパン飲もうよ。

B：Why? Is there anything we're celebrating?

なんで？　何かお祝いすることでもあったっけ？

A：Just because.　なんとなくね。

知って損はない便利な英語

　それこそ虫の知らせのような場合は、just と kind of を同時に使うこともできます。

A：Are you going to the party tonight?

　今夜パーティー行く？

B：I'm just kind of thinking I shouldn't go to that party.

　なんとなくそのパーティーには行かないほうがいい気がするんだよね。

少しだけわかったときの「なんとなく」

　映画やテレビ、本、授業などを完全には理解できず、ぼんやりと理解した際には、

A：Did you understand "THE DA VINCI CODE"?

　『ダ・ヴィンチ・コード』の意味わかった？

B：Well, I had some idea of what was going on.

　うーん、なんとなくなら理解できた。

　人やモノについてかすかな記憶しかないときに使う「なんとなく」は、kind of や sort of という英語で表せます。

A：Hey, we were in the same class in elementary school as that cheerleader! Do you remember?

ねぇ、あのチアリーダー小学校で同じクラスだったよね！ 覚えてる？

B：Um, yeah, kind of. うーん、なんとなく。

最後に、ring a bell（ベルを鳴らす）というフレーズを紹介します。ネイティブは、何か思い出したときによく使います。

That kind of rings a bell. なんとなく聞いたことあるかも。

みなさん、これからなんとなくでも英語で「なんとなく」を使えそうですか？

僕にとってこの言葉は複雑なので、この記事を書いていたら頭が混乱してしまいました。

「なんとなく」のフレーズ

A : Things are going well with your boyfriend, aren't they?

最近、彼氏とうまくいってるんじゃない？

B : How did you know?　なんでわかるの？

A : You just seem a lot happier.

なんとなく前より元気な感じがするんだもん。

Things just don't seem to be going as well as they used to.

なんとなくいろいろなことが前ほどうまくいってない。

I am vaguely aware that something is missing.

なんとなく何かが足りない感じがする。

Somehow I don't like him.

なんとなく彼のことは好きになれない。

I only just met her today, but somehow I feel like I've known her from before.

彼女とは今日初めて会ったはずなのに、なんとなく前から知っている気がするんだ。

A : Hey, let's have some champagne today.

ねぇ、今日シャンパン飲もうよ。

B : Why? Is there anything we're celebrating?

なんで？　何かお祝いすることでもあったっけ？

A : Just because.　なんとなくね。

A：Are you going to the party tonight?

今夜パーティー行く？

B：I'm just kind of thinking I shouldn't go to that party.

なんとなくそのパーティーには行かないほうがいい気がするんだよね。

A：Did you understand "THE DA VINCI CODE"?

『ダ・ヴィンチ・コード』の意味わかった？

B：Well, I had some idea of what was going on.

うーん、なんとなくなら理解できた。

A：Hey, we were in the same class in elementary school as that cheerleader! Do you remember?

ねぇ、あのチアリーダー小学校で同じクラスだったよね！　覚えてる？

B：Um, yeah, kind of.　うーん、なんとなく。

That kind of rings a bell.　なんとなく聞いたことあるかも。

TOPIC

とりあえず

「とりま、
プレモル！」
はこう言う

　最近、友達に日本語のスラングを2つ教えてもらいました。それは、「とりあえず、まぁ」を略した「とりま」と、サントリーのプレミアム・モルツを略した「プレモル」です。

　この日本語はとても面白いと思い、最近レストランで「とりまプレモルお願いします」とよく言うのですが、ウェイターはいつも、僕ほどこの言葉にウケていないのです。

　英語で「とりあえず」や「とりま」を表すには、何がいいでしょうか。

レストランで注文するときの「とりあえず」

　英語ではto start off withというフレーズをよく使います。

To start off with, I'll have some beer please.

とりあえず、ビールお願いします。

　それを短くするには、以下の英語がいいです。

I'll start with beer please.　とりあえずビールください。

「とりま」のようなスラングを使ってみたいなら、for startersがいいです。

For starters, I'll have some spring rolls please.

とりま、春巻きお願いします。

計画するときの「とりあえず」

　何かを計画する場面でも「とりあえず」はよく使うでしょう。英語では、先ほどのto start off withやfirst of allをよく使います。

To start off with, let's have lunch in the park.

とりあえず、公園で昼ごはんを食べましょう。

First of all, we should contact all the clients who regularly make donations.

とりあえず、定期的に寄付している顧客全員につのりましょう。

知って損はない便利な英語

あとで状況が変わるときの「とりあえず」

for the time being、for now、at least for now は、「近い
うちに何かをするけれど、あとで状況が変わるかもしれな
い」というニュアンスを含ませたいときに使います。

I think you should work in the sales department for the
time being. We will reassess the situation at a later date.
とりあえず、あなたは営業部で働いたほうがいいと思います。あ
とで状況をまた検討します。

For now, you should concentrate on studying for the
TOEIC exam.
とりあえず、TOEICの試験のための勉強に集中したほうがいいです。

At least for now, you can go to the top of the cathedral,
but they are probably going to renovate it soon.
とりあえず、大聖堂の上まで行けるけど、もしかしたら近いうち
に改築されるかも。

「とりあえず」のフレーズ

To start off with, I'll have some beer please.
とりあえず、ビールお願いします。

I'll start with beer please.　とりあえず、ビールください。

For starters, I'll have some spring rolls please.
とりま、春巻きお願いします。

To start off with, let's have lunch in the park.
とりあえず、公園で昼ごはんを食べましょう。

First of all, we should contact all the clients who regularly make donations.
とりあえず、定期的に寄付している顧客全員につのりましょう。

I think you should work in the sales department **for the time being**. We will reassess the situation at a later date.
とりあえず、あなたは営業部で働いたほうがいいと思います。あとで状況をまた検討します。

For now, you should concentrate on studying for the TOEIC exam.
とりあえず、TOEICの試験のための勉強に集中したほうがいいです。

At least for now, you can go to the top of the cathedral, but they are probably going to renovate it soon.
とりあえず、大聖堂の上まで行けるけど、もしかしたら近いうちに改築されるかも。

TOPIC

微妙

はっきり
言い切れない
ときのフレーズ8

　友達に「微妙って英語でなんて言うの？」と聞かれたことがあります。「微妙」はとても日本っぽい言葉なので、絶対に適切な訳がないなと思いました。でも、その後iffyという英語を思い出しました。これは「微妙」に似ているなと思います。たとえば、

That's kind of iffy. それはちょっと微妙だね。

　辞書によるとiffyには、doubtful（確信がない）、questionable（疑わしい）、あるいはfull of unresolved points or questions（未解決な点や疑問が多い）という意味があります。

　iffyはifとyを組み合わせた100年前に作られた言葉で、日本語にすると「不確かな、あやふやな」という感じかも

しれません。面白いでしょう。

an iffy situation　微妙な状態

an iffy question　微妙な質問

失礼を避けたいときの「微妙」

　日本語では、失礼にならないように「微妙」をよく使いますよね。たとえば、人の悪口を言いたくないけどその人が好きじゃない場合、「あの人は微妙」と言えます。そんなときに英語では、so-soやokayを使います。

A：What do you think of that person?　その人はどう？

B：He's so-so.　彼は微妙だ。

She's okay I guess.　彼女は微妙かな。

微妙な違い、バランス、立場

　「微妙」は、「違い、バランス、立場」などの言葉と一緒によく使うでしょう。その場合、以下の英語の組み合わせがいいと思います。

　微妙な違いを表したいなら、subtle differenceがいいです。直訳すると、「少しだけの違い」です。

There is a subtle difference in taste between Asahi

知って損はない便利な英語

SUPER DRY and Asahi DRY ZERO.
アサヒスーパードライとアサヒドライゼロの味には、微妙な違い
があります。

　微妙なバランスや微妙な立場を英語にしたい場合、
delicate（繊細な）という言葉がいいです。

a delicate balance　微妙なバランス

a delicate position　微妙な立場

　この場合、delicateは「すぐに状況が変わる」というニュ
アンスになるので、「状況が少しでも変われば崩れてしま
うようなバランス」という意味になります。

　同じようにdelicate positionは、「状況が少し変わっただ
けで影響を受けてしまうような立場」という意味になりま
す。

「微妙」のフレーズ

That's kind of iffy.　それはちょっと**微妙**だね。

an iffy situation　微妙な状態

an iffy question　微妙な質問

A：**What do you think of that person?**　その人はどう？
B：**He's so-so.**　彼は微妙だ。

She's okay I guess.　彼女は微妙かな。

There is a subtle difference in taste between Asahi SUPER DRY and Asahi DRY ZERO.
アサヒスーパードライとアサヒドライゼロの味には、**微妙な違い**があります。

a delicate balance　微妙なバランス

a delicate position　微妙な立場

TOPIC

このまま

「まま」を使った
さまざまな
フレーズ

「このまま」という日本語は、何種類かの英語で言い表すことができます。

　keepは「続ける」に近い意味があり、よく動詞-ingを後につけます。似た英語のcontinueは対照的で、to動詞と組み合わせ、keepよりも少しフォーマルなニュアンスを持っています。短いkeepという文字に強いkの音が加わって、より強い印象があるからでしょう。

If you keep making such excellent food, I'm going to get fat.
このまま素晴らしい料理を作り続けたら、俺は太るぞ。
If you continue to make such excellent food, I'm going to get fat. （同上）

I kept my coat on. コートを着た**まま**でいた。

"I continued to wear my coat." というフレーズもありますがこれは文章が長すぎるため、keptを使います。

「○○のまま」

「○○（名詞）のまま」という文を使いたいとき、動詞のremainはぴったりです。

remain a mystery いまだ謎**のまま**である

remain unsolved いまだ不明**のまま**である

remain inactive いまだ不活性**のまま**である

会話で「このまま」と言う場合は、よく未来形と一緒に使われているので覚えておいてください。

I'm afraid it will remain a mystery forever.

残念ですが、それは一生謎**のまま**となるでしょう。

文頭に置く「このままだと」

at this rateは文の頭に置くフレーズです。「このままだと」という意味になります。ネガティブな文にしか使われないので、気をつけてください。

At this rate, we'll probably get fired.

知って損はない便利な英語

このままだと、私たちはクビになるだろう。

放っておく

「そのままにしておく」は、leaveにあるいくつかの意味の一つです。

Leave it as it is.　そのままにしておいてください!

Leave him be.　彼をそのままにしておけ（そっとしておきなさい）。

The door was left **open.**　ドアは開いたままだった。

Okay, I'll leave it there for now. I hope this has given you a better idea of how to use このまま and そのまま.
（このままにしておきます。みなさんが「このまま」と「そのまま」を英語にするのは、もうばっちりだと思います。）

「このまま」のフレーズ

If you **keep** mak**ing** such excellent food, I'm going to get fat.

このまま素晴らしい料理を作り続けたら、俺は太るぞ。

If you **continue to** make such excellent food, I'm going to get fat. （同上）

If you **keep** do**ing** that, I'm going to get angry.

このままそれをやり続けるなら、私は怒るよ。

If you **continue to** do that, I'm going to get angry. （同上）

I **kept** my coat on. コートを着たままでいた。

remain a mystery　いまだ謎のままである

remain unsolved　いまだ不明のままである

remain inactive　いまだ不活性のままである

I'm afraid it will **remain** a mystery forever.

残念ですが、それは一生謎のままとなるでしょう。

To this day, it **remains** locked up in the box.

今に至るまで、鍵のかかった箱の中に置いたままであった。

At this rate, we'll probably get fired.

このままだと、私たちはクビになるだろう。

At this rate, you'll never get married.

このままだと（このままの調子だと）、あなたは結婚しない。

Leave it as it is.　そのままにしておいてください!

Leave him be.　彼をそのままにしておけ(そっとしておきなさい)。

The door was **left** open.　ドアは開いたままだった。

TOPIC

はい、チーズ

写真を撮るときの
面白い
5つの言い方

　日本では写真を撮るとき、「はい、チーズ」と言いますが、英語ではなんと言うのでしょうか？　一番多く使われているのは"Say cheese!"です。なぜならcheeseと発音するとき、無意識のうちに唇は広がり、笑顔になるからです。

　たまに、子供を笑わせたいときはcheeseと全然違う言葉を言ったりもします。韓国では、「キムチ！」と言うと何かで読みました。そして、スペインでは"Potato!"と言います。しかし、日本語で「チーズ」と発音しても笑顔にはならないので、日本ではただのかけ声ですね。

Cheese!　チーズ！

Okay, everyone. Say cheese!

知って損はない便利な英語

じゃあ、みなさん。はい、チーズ!

英語圏では、単にsmileと言う人も多いです。

All right, y'all. Smile!　じゃあ、みなさん笑って!

「はい、チーズ」の面白い言い方

英語には、ほかに面白い言い方もあります。

たとえば、カメラを見てほしいときには、"Watch the birdie."と言います。なぜなら19世紀のイギリスでは、写真を撮るときに子供をリラックスさせるため、カメラマンは鳥のおもちゃを使っていたからです。現在では、鳥のおもちゃを使っている人はほぼいないと思いますが、まだこのフレーズは一般的に使われています。

Okay, watch the birdie!　じゃあ、カメラを見てね!

また、動かないでほしいときには、"Hold still."や"Don't fidget."と言います。

"Hold still."は、単に「動かないで」という意味です。

"Don't fidget."は子供によく使う言葉で、「モジモジしないで」という意味になります。

「はい、チーズ」のフレーズ

Cheese! チーズ！

Okay, everyone. Say cheese!
じゃあ、みなさん。はい、チーズ！

All right, y'all. Smile! じゃあ、みなさん笑って！

Okay, watch the birdie!
じゃあ、カメラを見てね！

Hold still. 動かないで。

Don't fidget. もじもじしないで。

TOPIC

お邪魔します

失礼を防ぐ
7つのフレーズ

　「お邪魔します」を英語にする場合、interruptにしたらいいのか、disturbにしたらいいのか、botherにしたらいいのか、迷うでしょう。

　これら3つの言葉は、ニュアンスが少し違います。では、「お邪魔します」は、英語でなんと言えばいいのでしょうか。

I am sorry to interrupt you.　お邪魔します。
I am sorry to disturb you.　お邪魔します。
I am sorry to bother you.　お邪魔します。

　すべて同じ意味ですが、interruptは「中断する」というニュアンスがあり、会話を邪魔するときによく使います。

　また、disturbは相手の集中を邪魔するときによく使い

ます。相手がメールを打っているときや新聞を読んでいる
ときなどです。

"I am sorry to bother you." は、イギリスでよく使われて
いるフレーズです。

それぞれニュアンスが違うといっても、会話を邪魔する
ときにdisturbを使うのは間違いではありません。また、
botherを使うアメリカ人もたくさんいます。

ほかの言い方として、sorry toをsorry forにも変えられ
ます。

I am sorry for bothering you.　お邪魔してすみません。

I am sorry for interrupting you.　（同上）

以下の言い方もよく耳にします。

I hope I'm not interrupting you.

ご迷惑じゃなければいいのですが。

I know that you are very busy, but ....

お忙しいところすみませんが……。

「お邪魔します」のフレーズ

I am sorry to interrupt you.　お邪魔します。

I am sorry to disturb you.　お邪魔します。

I am sorry to bother you.　お邪魔します。

I am sorry for bothering you.　お邪魔してすみません。

I am sorry for interrupting you.　（同上）

I hope I'm not interrupting you.
ご迷惑じゃなければいいのですが。

I know that you are very busy, but ……．
お忙しいところすみませんが……。

TOPIC

電池が切れそう

もしものときに
安心な
7つのフレーズ

　僕は日本語を覚え始めたころ「電池が死んだ」と言っていましたが、今思えばまわりの人は何を言っているんだと思っていたことでしょう。

　僕がこの変な日本語を使っていたのは、電池が切れた場合、英語では"The batteries have died."と言うからです。早速、例文を見てみましょう。

Oh no, the batteries in my Mac keyboard have died again.
ああ、もうMacのキーボードの電池がまた切れちゃったよ。

My phone batteries are about to die!
ケータイの充電切れそう！

I think the batteries in the remote have run out.

知って損はない便利な英語

リモコンの電池が切れたと思う。

機械に1つの電池しか入っていない場合は、単数の battery を使います。

充電したいとき

ケータイなどを充電したいときには、通常charge という動詞を使います。

Can you charge my phone for me?
ケータイを充電してもらえる?

I think my iPhone needs charging again.
iPhone また充電しなきゃ。

Do you have an iPhone charger?
iPhoneの充電器持ってない?

電池が弱くなってきている場合は、"The batteries are weak." という直訳は使えません。この場合は、通常 running low というフレーズを使います。

These damn batteries are running low again.
このクソバッテリーまた弱くなってるよ。

「電池が切れそう」のフレーズ

Oh no, the batteries in my Mac keyboard have died again.
ああ、もうMacのキーボードの電池がまた切れちゃったよ。

My phone batteries are about to die!
ケータイの充電切れそう！

I think the batteries in the remote have run out.
リモコンの電池が切れたと思う。

Can you charge my phone for me?
ケータイを充電してもらえる？

I think my iPhone needs charging again.
iPhoneまた充電しなきゃ。

Do you have an iPhone charger?
iPhoneの充電器持ってない？

These damn batteries are running low again.
このクソバッテリーまた弱くなってるよ。

TOPIC

どのくらい かかりますか?

旅先で
重要な
8つのフレーズ

　僕は2015年の夏、生まれて初めてパリに行きました。テロのニュースを見たときは、あの素晴らしい街にあれほどひどいことがあったと知ってとても悲しい気持ちになりました。
　パリはどこも観光客が多く、観光地に入る列はものすごい長さでした。実際ベルサイユ宮殿の外で待っていた時間は、中に入っていた時間より長かったです。僕が見た下水道の博物館だけは列がありませんでした。パリの下水道は歴史上初なので行きたかったのです。しかし、僕と同様に下水道に興味のある観光客は少なかったようです。
　多くの人にとって海外旅行の半分の時間は、待っている時間ではないでしょうか。だから、海外で「どのくらい？」

と聞く英語はとても重要です。

　アメリカでは列を line と呼び、イギリスでは queue と呼びます。多くのイギリス人は、自分の国の行列はほかの国より礼儀正しく効率的だと自慢に思っています。有名なのはウィンブルドン選手権です。チケットを買うにはものすごい時間がかかり、その上、正しい列の作り方について26ページものガイドブックがあるのです。

　列に並ぶ前に、「この列はどれくらい時間がかかるのか？」と英語で聞けるといいですね。

How long will **this queue ／ line take?**

How long will I have to wait to **get tickets?**

チケットを買うのに、どれくらい時間がかかりますか？

レストランで役立つフレーズ

　僕は空いているレストランに行くと、いつも少しだけ違和感があります。お店の外にとても長い列があれば、「このレストランは絶対に美味しい、行きたい！」と思うからです。

　英語で「待つ時間はどれくらいですか？」は、どのように言うのでしょうか？

How long will it take to **get a table?**

知って損はない便利な英語

空席待ちの時間はどれくらいかかりますか?

What's the wait for a table? （同上）

　やっと席に座れて、注文しても、食べ物がずっとこない場合、ウェイターになんと言えばいいでしょうか?

Excuse me. Do you know when the food is going to be ready?

すみませんが、料理はいつきますか?

How much longer will the food take?

料理はあとどれくらい時間がかかりますか?

地下鉄で役立つフレーズ

How long does it take to get to Gare du Nord?

パリ北駅まではどれくらい時間がかかりますか?

How much longer will it take to get to Versailles?

ベルサイユまで行くにはあとどれくらいですか?

　もちろんパリに行ったら、英語よりフランス語を話したほうがいいですが、僕のようにフランス語が話せない人は、英語を使うしかないでしょう。実際、少しだけフランス語を使おうとしましたが、いつも変なフランス語と日本語が混ざった言葉を話してしまいました。

「どのくらいかかりますか？」のフレーズ

How long will this queue ／ line take?
この列はどれくらい時間がかかりますか？

How long will I have to wait to get tickets?
チケットを買うのに、どれくらい時間がかかりますか？

How long will it take to get a table?
空席待ちの時間はどれくらいかかりますか？

What's the wait for a table? （同上）

Excuse me. Do you know when the food is going to be ready?
すみませんが、料理はいつきますか？

How much longer will the food take?
料理はあとどれくらい時間がかかりますか？

How long does it take to get to Gare du Nord?
パリ北駅まではどれくらい時間がかかりますか？

How much longer will it take to get to Versailles?
ベルサイユまで行くにはあとどれくらいですか？

TOPIC

今なんて言った?

聞き返したい
ときの
いろんな言い方

　相手が何と言ったのか聞き取れなかったときや内容が理解できなかったとき、みなさんならどうしますか?

　僕はよく日本人との会話で、勝手に意味を想像して理解した気になってしまうことがあります。しかし、大概間違っているので、話が噛み合わなくなって相手を困らせてしまいます。わからなかったらきちんと聞き返すのは、自分の言語上達のためだけではなく、やはり相手のためでもありますよね。

　ここでは、「今なんて言ったの?」や「それどういう意味?」など、相手に聞き返したいときに使う英語をいくつか紹介します。

　まず、ネイティブがよく使うフレーズは、

What did you say?　なんて言った？

"What?" "Pardon." "Sorry." など一言で聞き返すこともあります。"What?" はよく使われていますが、失礼に聞こえることもあるので親しい間柄のみで使うといいでしょう。"Pardon." と "Sorry." のほうが丁寧です。

　話の内容がわからなかったときは、以下の英語がいいでしょう。

Sorry. I don't understand.　ごめん、理解できない。
What do you mean?　どういうこと？

　話すペースが早い人には、こう言うといいと思います。

Could you say that a bit more slowly please?
もう少しゆっくり話してくれませんか？

　以下のようにあらかじめ言っておくのもいいでしょう。

My English is not very good, so please speak slowly.
英語があまり得意ではないので、ゆっくり話してください。

「今なんて言った？」のフレーズ

What did you say? なんて言った？

What did you just say? 今なんて言ったの？

Sorry, I didn't get that. Can you say that again please?
ごめん、聞き取れなかった。もう1回言ってくれる？

What? なに？

Pardon? / Sorry? 何ですか？

Sorry. I don't understand. ごめん、理解できない。

What do you mean? どういうこと？

I'm not sure what you mean.
言っていることの意味がよくわかりません。

Could you say that a bit more slowly please?
もう少しゆっくり話してくれませんか？

My English is not very good, so please speak slowly.
英語があまり得意ではないので、ゆっくり話してください。

TOPIC

よろしくお願いします

自己紹介から
お願い事まで
英語にする

　この言葉は、日本で生活をする人なら誰しも一度は使ったことがあると思います。これを英語にする場合、状況によって使い分ける必要があるでしょう。

自己紹介

　日本ではよく「初めまして」「自分の名前」「よろしくお願いします」をセットにします。英語なら "Nice to meet you." を使います。よって英語は、「初めまして」も「よろしくお願いします」も1つのフレーズになります。

I'm Luke. It's nice to meet you.
はじめまして、ルークです。よろしくお願いします。

知って損はない便利な英語

"Nice to meet you." 以外に "It's a pleasure meeting you." や "It's great to meet you." というフレーズもよく聞きます。 "How's it going?" と言うネイティブも多くいます。 これは「元気ですか？」という意味ですが、自己紹介のときにも使います。

お願いごとをするとき

仕事で人に何かを頼んだときも「よろしくお願いします」と言いますね。 英語圏の会社では何かを頼んだら、 "Thank you." と言います。

Would you mind setting up a meeting with Mr. Tanabe?
Thank you very much.
田辺さんとのミーティングを設定していただけますか？　よろしくお願いします。

辞書では、 "I'll leave that up to you." や "Please take care of it." と書かれていることがあります。 これらは自然な英語ですが少々偉そうに聞こえるので、部下や後輩に対してなら使ってもいいでしょう。

ほかのフレーズも見てみましょう。

I know you are very busy, so I'm sorry to ask you to do this.
お手数ですが、よろしくお願いします。

（直訳：とても忙しいのに頼んでしまって本当にすみません。）

The deadline is at eight, so would you mind getting it done by then?
締め切りは8時ですので、よろしくお願いします。

（直訳：締め切りは8時です。それまでにやっていただけますか？）

「○○さんによろしくお伝えください」

Say hi to Derek!　デレクによろしく！

Tell Charlie that I said hi.　チャーリーによろしく伝えてね。

　より愛情を伝えたい場合は、

Send my love to Grandma.　おばあちゃんに私の愛を伝えてね。

「○○（人）をよろしくお願いします」

　これは日本人の親などはよく言いますが、英語圏ではあまり言う習慣がないので以下が自然でしょう。

It's great to have you as Johnny's teacher.
あなたがジョニーの先生になってくれて嬉しいです。

「よろしくお願いします」のフレーズ

I'm Luke. It's nice to meet you.
I'm Luke. It's a pleasure meeting you.
My name is Luke. It's great to meet you.
はじめまして、ルークです。よろしくお願いします。

My name is Luke. How's it going?
はじめまして、ルークです。お元気ですか?

It's nice ／ great to meet you too.
こちらこそよろしくお願いします。

Would you mind setting up a meeting with Mr. Tanabe? Thank you very much.
田辺さんとのミーティングを設定していただけますか? よろしくお願いします。

I know you are very busy, so I'm sorry to ask you to do this.
お手数ですが、よろしくお願いします。

The deadline is at eight, so would you mind getting it done by then?
締め切りは8時ですので、よろしくお願いします。

Say hi to Derek! デレクによろしく!

Tom says hi! トムがよろしく言ってたよ!

Tell Charlie that I said hi. チャーリーによろしく伝えてね。

Please say hello to Patty Hughes for me.

パティ・ヒューズによろしくお伝えください。

Send my love to Grandma.

おばあちゃんに私の愛を伝えてね。

It's great to have you as Johnny's teacher.

あなたがジョニーの先生になってくれて嬉しいです。

Yours sincerely,

Walter White

（手紙の最後に）よろしくお願いします。ウォルター・ホワイト

COLUMN

「トイレ」を意味する
さまざまな言葉

　英語には、トイレを意味する言葉がいくつもあります。意味をぼかした丁寧な言い方もあれば、面白さを強調する言い方もあります。トイレのボキャブラリーを載せた英語の教科書がないのは、中学生が興奮しすぎるからかもしれませんね。

トイレの一般的で丁寧な言い方

　まずはtoiletという言葉を見てみましょう。じつはtoiletと言うのは少し失礼です。もちろん友達や家族の前で使うのは大丈夫です。でも、上品な宴席で "Excuse me, I'm just going to go to the toilet." と言ったら、みんなは少しビックリするでしょう。

　アメリカだとtoiletよりrestroomのほうが丁寧で、イギリスならrestroomよりもlooがよく使われています。
　しかし、トイレに関する言葉が出てこない "Excuse me a moment." が一番よいと思います。

丁寧な表現は、bathroom、lavatory、WC（water closet）、washroom、the john（男性トイレ）、powder room（女性トイレ）、ladies room（女性トイレ）もあります。

bathroom は国によって意味が違います。

"I'm going to use the bathroom." と言うと、アメリカでは意味が「トイレをお借りします」ですが、イギリスでは「お風呂に入ります」になります。

ちなみに "I would like to borrow the toilet." は「トイレを借りて持って帰ってもいいですか？」という意味になるため、誰にも通じません。

WC という言葉は、よく不動産屋や建築家が使う言葉です。日常会話ではそんなに使われていません。

the john という言葉は、John が男性に最も多い名前だからです。

ちょっと面白いトイレの言い方

英語では、トイレに関して面白い言い回しがいっぱいあります。たとえば、go spend a penny の直訳は、「1ペニーを使いにいく」ですが、「小便をしにいく」という意味になります。昔のイギリスでは公衆トイレを使うのに1ペニーかかっ

たからです。

the throne（王座）や the bog（沢）という言葉も、トイレの意味で使われています。

ほかにも、いろんな表現があるのでここで紹介します。

outhouse （外にあるトイレ…… 西部劇によく出てくる言葉）

latrine （軍事基地にあるトイレ、素朴なトイレ）

urinal （小便器）

flush the toilet （トイレを流す）

toilet seat （便座）

toilet rim （トイレの縁）

toilet lid （便器の蓋）

toilet bowl （トイレの便器）

The toilet is clogged. （トイレが詰まっちゃった。）

The toilet is overflowing! （トイレがあふれているの!）

Why don't you put the seat down when you're finished?
（なんでトイレが終わったら、便座を下げないの? …… 女性がよく男性に言うセリフ）

ルーク・タニクリフ
(Luke Tunnicliffe)

1982年イギリス生まれ。イギリス人の父とアメリカ人の母を持つ。13歳までイギリスで暮らし、その後アメリカのノースカロライナ州の高校に転校。イギリス英語とアメリカ英語の違いを経験。ウェズリアン大学を卒業後、雑誌編集者・記者の仕事を経て、2005年、JETプログラムで来日。新潟の中学校で2年間英語教師をつとめ、その間に日本語を学ぶ。2008年に再来日。英会話講師とビジネス翻訳の仕事をしつつ、2010年に東京大学大学院にて翻訳論を学ぶ。東京大学大学院に開設した自身のホームページ「英語 with Luke」は開設直後からコアな英語学習者の間で話題となる。初心者から上級者までレベルを問わず楽しめる記事でまたたく間に人気を博し、月間150万PVを記録する破格の人気サイトとなっている。
著書に本書の続編『さすが!』は英語でなんと言う?』(大和書房、『カジュアル系』英語のトリセツ』(アルク)、『この英語、どう違う?』(KADOKAWA)、『イギリスのスラング、アメリカのスラング』(研究社)がある。

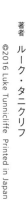

「とりあえず」は英語でなんと言う?

著者 ルーク・タニクリフ
©2016 Luke Tunnicliffe Printed in Japan

二〇一六年一〇月一五日第一刷発行
二〇一八年九月一〇日第一七刷発行

発行者 佐藤 靖
発行所 大和書房
東京都文京区関口一-三三-四 〒一一二-〇〇一四
電話 〇三-三二〇三-四五一一

フォーマットデザイン 鈴木成一デザイン室
本文デザイン 星子卓也
本文イラスト kaidokenta
カバー印刷 シナノ
本文印刷 山一印刷
製本 ナショナル製本

ISBN978-4-479-30619-1
乱丁本・落丁本はお取り替えいたします。
http://www.daiwashobo.co.jp